布鲁塞尔街头（1994年9月）

阿姆斯特丹接受社会科学
期刊采访（1999年11月）

吴小安 / 著

学 人 记

大地的思想与行走的历史

生活 · 讀書 · 新知 三联书店

图书在版编目（CIP）数据

学人记：大地的思想与行走的历史/吴小安著.—北京：
生活·读书·新知三联书店，2023.9
ISBN 978-7-108-07026-5

Ⅰ.①学… Ⅱ.①吴… Ⅲ.①史学－文集
Ⅳ.① K0-53

中国国家版本馆 CIP 数据核字 (2023) 第 151627 号

责任编辑　张　龙
装帧设计　康　健
责任印制　宋　家
出版发行　**生活·讀書·新知** 三联书店
　　　　　（北京市东城区美术馆东街 22 号　100010）
网　　址　www.sdxjpc.com
经　　销　新华书店
印　　刷　河北鹏润印刷有限公司
版　　次　2023 年 9 月北京第 1 版
　　　　　2023 年 9 月北京第 1 次印刷
开　　本　880 毫米 × 1230 毫米　1/32　印张 10.25
字　　数　220 千字　图 37 幅
印　　数　0,001－3,000 册
定　　价　89.00 元
（印装查询：01064002715；邮购查询：01084010542）

厦门大学研究生时期（1990年春）

阿姆斯特丹大学博士论文答辩（1999年9月）

回国度假时与儿子凡凡游香山（2005年4月）

与历史学系同事们参加北大运动会（2010年4月）

在北大历史学系5239办公室（2018年6月）

在厦大硕士导师孙福生教授家（2018年6月）

与阿姆斯特丹大学社会科学研究院执行主任Jose Komen在大楼门外
（2018年12月）

在博士导师 H. Sutherland 教授家（2019年2月）

在华侨大学陈嘉庚纪念堂前（2022年6月）

整个大自然，整个人生都是我们所谓不成文的书。能够直接读这种不成文的书，所得的学问，将更为真实，更为创新，更为灵活。须以读成文的书所得，作读不成文的书的参考。以读不成文的书所得，供给读成文的书的指针。这样，我们就不会读死书，这样，我们就可得真的、活的学问。中国旧日的书生，大概就只知道有成文的书，而不知道有更广博、更难读、更丰富而有趣味的不成文的书。更不知道读成文的书与读不成文的书，须兼程并进，相辅相助；所以只能有书本知识，而难于得到驾驭自然，指导人生，改革社会的真实学问。所以无论读哪一种的书，关键在于须自己用思想。

——贺麟《文化与人生》

　　无论年老或者年轻时，我始终感觉到

　　黑夜里，一座山

　　阳台上，一个沉默的女性

　　从我怀着眷恋的躯体里夺走了恐惧的心。

—— 黑塞《美好的世界》

　　单说方法是不够用的；文史科学和社会科学的错误，往往由于方法的不自觉。方法的自觉，就是方法的批评；自己批评自己，自己检讨自己，发现自己的错误，纠正自己的错误。

——胡适《治学方法》

目　录

上编　大地的思想集

下编　历史的文化集

序

足音的漫语与回归的历史

灵感，任何人都有，任何时候都必不可少，却不是随时随地都有；超越个人的灵感，不是任何人都有，更不是任何时候都有。灵感的产生，固然需要个人的天赋，却很难说不是由于环境与文化长期熏陶的缘故，尤其是受异环境与跨文化外在的刺激。灵感与刺激，对于创新与超越，固然重要；然而，如果没有历史与同情的依托，如果没有关怀与想象力的指引，那么，创新与超越是否能够成气候，以及成何气候，是很难说的。

至少六种相互关联、耳熟能详的说法，窃以为揭示了一切学术研究酝酿和沉淀、叩问与关怀的底蕴重要性：其一，功夫在诗外，关键在平时；其二，弦外之音，画外之意；其三，水到渠成，文如其人；其四，实验室就是模拟，训练场就是战场；其五，一切的历史都是当代史，一切的历史都是思想史；其六，学通一经，方成一艺。凡此种种，既是理论，更是方法论。

值得流传的思想与作品，都是经过时间和空间考验的，都是有很多故事的，世俗的和思想的、心灵的和隐秘的故事，甚至意味深长的故事、痛苦着并快乐着的故事。对于专业学人而言，有没有这样的一本书：从头至尾，没有注释、没有史料，却一气呵成、浑然一体的一部著作；既不是学究的、深奥的和乏味的学术著作，又不是消遣的、闲情的和故意附庸风雅的励志推销书呢？换言之，学人有无可能写一本这样的书：既不是回忆录，又不是散文集或日记集成；既具有学术性和思想性，又具有社会文化关怀的、真实的历史呢？

如果说，这是我年轻上大学时迷迷糊糊的疑问与憧憬，那么，最近几年里，在自己仍未进入退休倒计时或暮年"杀时间"的日子里，这个日新常维新的问题与憧憬，已经变得越来越清晰和越发自觉了。幸运的是，呈现在读者面前的这部小书，竟出乎意料地成了自己的梦想尝试，一个专业学人的专业梦想尝试。

一　行走的历史：足音与漫语

人是依托大地的，大地的意义也依托人的存在。行走，当然是在大地上。行走是运动的，律动是人与环境互动的产物。行走与艺术、行走与文化、行走与探索、行走与学人、行走与学术的关系，有物理的，也有精神的；大地行走的历史是关于行走、关于历史、关于旅人的；进一步叩问，是关于何谓行走、何谓历史、何谓旅人的；具体而言，是关于学人行走的历史到底是什么，意味着什么，以及关联、比较与差别等为什么的问题。

纵观前现代的历史，高官厚禄者，人生很多时间，或者是在赴任的路上，或者是在遭贬谪的跋涉中。富商大贾，无论长途贩运，还是出海贸易，一去短则几个月，长则经年。高僧侠士，求道布施，一生云游四方、浪迹天涯。探险家，更是翻山越岭、漂洋过海，孤身深入奇异天险。那时候，除了大规模移民与逃荒、流放与反叛，远行都是少数精英的流动与特权。芸芸众生，现代暨后现代的历史，大部分时间，更是或户外或外地或境外度过的。这大概是没有中外之分别的。

散步，跑步，是行走；外出，旅行，远足，也是行走；健身，出差，休闲等户外活动，同样是行走。行走，是运动，也是离开；行走，是方法，也是旨趣。行走，有短暂的，也有长期的；行走，有临时的，也有规律性的。行走，有随意性、天马行空式的，也有目的性、专业的、职业的、个人风格的。无论哪一种，行走都是关于户外的和离开的、陌生的与错位的项目、运动、过程和状态。

商业与事务性的旅行，称为出差或公干；休闲、看风景与文化体验的旅行，称为旅游。不过，这些都不是本书所谓的行走。每日固定的行走都是熟悉的和附近的，不确定的都是陌生的、远方的和周期性的行走。对于专业人士而言，行走不是目的，是方法；不是手段，是过程，也是旨趣。行走，不仅指运动与旅行，而且指一直进行的、在路上的特别状态，以及某种生活方式。在这种意义上，行走，是释放，也是猎奇；是挑战，也是探索；是寻找，也是丰富的体验。

就远距离行走而言，其核心元素应该包括旅行、旅途、旅人与趣旨。行走的时候，不只是行走，都有故事；行走的时候，不仅有故事，更有思想。思想的时候，不都是柴米油盐和天伦之乐，更有国家与人民、自然与社会，以及语言、宗教与文明的关怀，即旨趣。行走的时候，并不都会有记事；行走的历史，也不一定都是关于记事的历史。尤其是对于带有专业性任务的行走，尤其是面向异域与他者的行走，智识的探索、知识的生产和文化的交流碰撞，更是行走的历史的旨趣、内容和结果。

行走，还有一种更重要的含义，即人生的跋涉与成长的历程，这是指人的成长和人的足迹，成长的跋涉和成长的轨迹。这同样是行走，包括体质的、内在的、智识的、精神的、事业的含义。行走的是人，跋涉的是路；经历的是故事，流动的是思想和改变。在这种意义上，行走是灵魂的和智识的，是丰富的，也是考验的。思考时，需要行走的律动；行走中，灵感与思想涌出。旅行是旷日持久的行走，旅行记不一定是目的的全部，确实有其中的纹理。

行走的历史，不是关于自我记事的流水账，而是关于思想的历史和超越的历史。行走的历史，不是虚构式的创作，而是真实的写照，人、物、事的写照，是行走的人感受世界、感受文化、感受环境、感受变迁的历史。既然是行走，行走的历史就会既是流动的和变化的，又是多元的和多姿多彩的；既是历时的，又是共时的；既是时间的，又是空间的；既是个体的，又是超越个体的。

历史是记事的，也是流动的，更是分析的；历史是过去的，也是当代的，更是思想的；历史是英雄的，也是人民的，同时是多元多姿多彩的；历史是上层的，也是机构的，同时是个体和生命的；历史是关于人的，行走的也是人；记录下来的，未必是历史的全部，却肯定是值得记录和书写的。历史是发生与发展——如果不是结束——的过程；行走的历史，应该是关于长时段的过程与历时性的主题的。

二　学人记：出走与回归

记，一般地，是指笔记与散记、行纪与纪事、记载与记录等书写。记，明确之，是指历史。专业意义上，历史书写分编年、纪传和纪事本末体等不同的方式。日记与史记两大类，最能典型地说明问题。学人记，是指学人成长的历史，专业的与智识的、心灵的与世俗的历史，学人从学生到学者的历史；特别地，是指学人如何为学、学术如何化人的历史。大地上行走的历史，既指行走运动的本身，又指读书之余走出书斋、审视思考的过程，属于日常。大地的思想与行走的历史，应该还有一层更深、更广、更专业的含义，是指学人融入世界、走出象牙塔，走向社会、走向自然、走向世界的探索历程，是学人独特的人生与职业生涯的生命体验，也是智识生产的必要实验和重要方式，属于户外的、异文化的专门作业。

日记，是人类最熟悉的自我书写；慢跑，是人类一种最方便的自我运动。无论是中国古代徐霞客的游记和西方人类学家的旅行记，还是顾炎武的《日知录》和曾国藩的读书笔记，或者马克·奥勒留的《沉思录》和巴金的《随想录》，或者梁启超的《欧游心影录》和三毛的"流浪记"，或者季羡林的《留德九年》，等等，都是记录，都有思想，都是引领，都很经典。我们做学生和学人的，都曾有过做读书笔记的习惯。读书笔记，大致有三种：其一，要点摘抄，主要是作者原文的核心与精彩的部分。其二，心得体会，主要是与作者相同或不同的感想与思考。其三，专业书评，兼容上述两点学理性地展开论述。然而，这本书根本就不是这类的读书笔记，因为我得脸红地承认，当初我上大学时，上课就是以不做听课笔记而"臭名昭著"的。

实话还得实说，这种毛病却没有妨碍我积极读书，也并不能证明我不是好学生。中学时上语文课老师领读的《徐霞客游记》，对于我是应试的范文，没有别的。大学时自己阅读的普鲁斯特的《追忆似水年华》，当时对于我是青春与骚动的文化碰撞，没有别的。读研究生时，自己认真阅读的巴金的《随想录》和卢梭的《爱弥尔》，当时对于我是社会与政治、文人与思想的思考和震撼，我对此是有探究的。几年前，自己专门买了顾炎武的《日知录》，它当时对于我是人生旅途的历史智慧的寻求，我是有自觉性的。无论如何，这些著作，或者那时读这些著作，与我动笔整理这部小书，应该一点关联都没有，因为直到三年前，我压根儿就没有想到会向读者呈献这部书。

1984年，我考上厦门大学，虽然高考分数比我低的同年级好同学被录取到北京大学，但是我终于可以第一次走出村子、走出县城，兴奋与激动是真真切切的。1990年秋，硕士研究生毕业前，为了找资料，我从厦门出发，经九江、安庆，到上海、北京等地一个多月。这是我上大学后第一次长时间出远门游历，第一次听北京的同学说，这叫游学。出国之后，博士论文要求一定要到对象国从事深度的蹲点研究；所以，我从荷兰，先后到英国伦敦、中国华南、新加坡、马来西亚和美国耶鲁大学，为收集资料跑了大约两年；学界对此的专业叫法是田野调查，这是当下中国一个很西化又很本土、形式与内涵很不搭界的时髦词语。毕业后，我先后去了新加坡国立大学和京都大学做博士后和客座研究，直到2002年10月归国，正式加盟北京大学为止。此后近二十年里，又是反复地"出走"和行走，直到2021年10月，我回归厦门，加盟华侨大学为止。

出乡与出洋都是移民；回国与回归都是回家。行走与"出走"都是旅途；放逐与漂泊都是背井离乡。有始有终、有去有回，才算一件事、一个过程方法论旨趣的完成。行走是平常，漂泊是正常；"出走"是反常，放逐更是非常。行走的是人，人走在路上，身后是有牵挂的。"出走"的也是人，不一样的是自觉和自主地挣脱、摆脱，独自走向陌生的未知。放逐，有时固然是自我精神与主动的选择，很多情况下很难说不是被迫的、被贬的与受难的；所以，相互成就。

旅途有风，也有雨；有山，也有海，还有阳光和青草地。行走是探索，也是学问；"出走"是青涩的意气，甚至是委屈的反抗；放逐的背后可能是奔放的自由和原则的坚守。无论行走、"出走"，还是放逐，是过程，也是成长；是天与地之间，也是学与人之间。行走与漂泊、"出走"与放逐是思语呢喃，是学人的足音和大地的歌唱。

这不是个人的传记，而是一名学人大地行走的历史。这不是虚构的文学随笔，而是大地的思想，是一名学人真实的行走记事。这不是作者私人的历史，而是通过作为学人的作者个体媒介而呈现的专业关怀。这也不是回忆录，而是作者行走大地的感想超越。某个特别的瞬间与特别的地方、某种特殊的感受和特殊的意义，构成札记之所以成为札记的升华动力。所以，这是一部富有个性的、思想的历史，不是私人的陈年逸事。如同拙诗集《燕寨集》一样，《学人记》不是一个事先就策划好的写作项目，而是一份自然生成的、原汁原味的历史记录，是自己书写的、自我酝酿的、本来就没有想过公开发表的思想史。

三　本书的缘由：结构与书写

从我在厦门大学上本科时算起，本书断断续续写了几十年，是用心写的一本书。2020年，我突然间觉得，是时候该出版一本书了。本书原来取名为"行走的历史"，我在社交媒体发表和与出版社签订的原合同中，几年来都是用这个书名。去年，却在网上发现该书名已经有人捷足先登在使用了，只能忍痛舍弃。一年来，经过反复斟酌，最终我选择了现书名"学人记：大地的思想与行走的历史"，它是另外一家出版社同时出版的拙著《学术志：田野、星空与飞燕》的姊妹篇。

需要强调的是，细心的读者会发现，《学人记》每一部分虽然是就事论事，却是彼此关联、融会贯通的。它们如同构成一整片网络的各个圆点，或者构成一整块拼图的各块积木，只有与整体联系起来看，《学人记》才会丰满、更有意义，也才会发现更独特的发散性和系统性关怀。历史是叙事的，更是穿越的、分析的和诗性的。路上的历史，都是山与海的历史，风与雨的历史，天与地的历史，内与外的历史，似是而非的历史，这里与那里的历史，探索的、过程的和酝酿的历史——一句话，都是思想的历史和心灵的历史。

所以，《学人记》既是关于"我"的独特的历史，又是超越"我"的智识的历史，或者说不只是关于"我"的个体的历史。所以，《学人记》既是关于学人"大地行走的历史"，又不只是关于学人"大地行走的历史"。一言以蔽之，《学人记》在方法论上，应该是学人的历史缩影。窃以为，此种学人独特的行走与思想的历程，不应该视为学人自己主要学术著作的注脚与花絮，而应该看作几乎是所有学人必不可少的酝酿和蜕变的智识过程。同样地，我们不能因此称之为学人"缝隙的历史"或者"间隙的历史"，虽然现代性的边缘书写，无论是社会的或者文化的缝隙，空间的还是时间的间隙，对于中心与主流而言，很有工具性的穿透力。换言之，若拙著借此可以揭示学人智识历程轨迹内在的、非公共性和长时段的心思和脉络，多维的却是一以贯之的探寻，那么，称之为"学人记"，又是平常而自然的了。

如是，则慰莫大矣。是为序。

吴小安

2022 年 8 月

上　编

大地的思想集

当我停止思想的时候，我就停止了作画。

——伦勃朗

我不去寻找天外的楼阁，也不寻找海底的沉船，我的寻找是灵魂的跋涉。

——刘再复《痴情与无情的跋涉》

漫游世界随时仰见中国的云天。

——木心《云雀叫了一整天》

灵魂渴念着天空
它不是此地田埂的住客
我喜欢，当树上
有一团绿莹莹的火光闪烁。

——叶赛宁《灵魂渴念着天空……》

游思与随想一

人生的艰难，在于你不得不面对一次又一次的抉择，不得不经历一次又一次精神上的纷扰和感情上的翻腾。

今天不知怎么搞的，早早地上晚自修，又早早地回来。苦闷？彷徨？忧戚？空虚？失落？反正什么都有，我才觉得，青春对于我并不轻松。

回想上大学后两年，我越发意识到，以前我犯了一个错误，让我付出了很大的代价，使我几乎到了不能自拔的地步。只是，由于心中那颗永不会熄灭的"野心"之火，才得以稍稍冲淡。我硬着头皮，咬紧牙关，屏住气，挺了过来。是该结束了，该努力专注于准备下两年的考研了。

——1986 年 8 月 7 日，厦大

一种优势，有的人却往往会滥用这种优势，而这种优势，被抵消，便成为他平庸甚至堕落的因。

一种缺陷，有的人却会经常反省这种缺陷，而这种缺陷，被弥补，便成为他进取甚至成功的因。

——1988 年夏，厦大

我真的不敢细想，也许我们都错了，也许我们都该报考同一所学校。在那不久的过去，每当我们两个人之间，一个人有孤独、有苦闷、有困惑的时候，我们彼此之间都要找一个借口，让对方请客；或买一包烟，或买两袋瓜子，或去馄饨店小吃一下。然后，去芙蓉园，或上弦场，或干脆沿着校园漫无目的地走，专心致志地谈，竭力说服对方，最终只能回到说服自己 …… 唉，谈它干什么？只能徒然地增加彼此的惆怅，惆怅后的追忆，以及由追忆回到现实的深深的叹息。

我在不知不觉中，一直把你当作自己的小弟弟，又在不知不觉中，把你视为思想上的谈话对手。在不知不觉中，没有意识到这一点；等到意识到这一点时，我们却都天各一方，彼此之间不能招手致意而聊以自慰。

我们自己的选择，不是由自己支配得了的，可以说，它是命运的安排。尽管我们不知道，我们将来到底干什么，但我们却都清楚现在我们的路将如何走；尽管我们看不见我们自己的回报，但我们都可以肯定这回报是存在的，虽然它遥远、渺茫和模糊，我们却都能清晰地听见来自远方的呼唤。

如果你五月份过得挺舒服，那么，你便极有可能没有整个夏天。如果我们从对立面意义上理解幸福（何止是幸福），也许我们就不至于这么丧气。分娩是痛苦的，但却是实现孜孜以求目的的一个必然过程。如果你想幽默，那么你将不可能给人一种文静而有修养的样子。如果你一直那么严肃，那么你将同时失去开玩笑的种种乐趣。你要做哲学家，就必将忧郁；你要做艺术家，你终将痛苦；你要做到超前，你就可能遭到尘世的误解冷落，甚至被无端指责。你新颖，人家会说你古怪；你追求爱情的真谛，人家会说你是柏拉图式的；你寻找灵魂的庇护、精神上的充实，人家会说你是苦行僧。唉，只能是无语！

——1988年12月14日深夜，厦大

我没有想到我要写什么，更不会知道我将写什么。反正，我不止一次地觉得，大凡自我感觉良好的人，他的进取心，大概会或多或少地停留在他一直扬扬得意的水平上。这样，他的创造力，无论如何，就会被一种惰性所束缚，而处于睡眠蛰伏状态，尽管他本人无法意识到。

如果你受过极大的委屈，那么你心中肯定憋了一团怨气，你也一定千方百计地发泄这团怨气。再进一步，如果你不是笨蛋，那么就不该这么设想，你会采取伤害对方的手段而达到自己的目的。相反，你会采取自我实现的方式。再有，如果你备受压抑，那么你定会有着强烈的敏感，因而，每每在你行动时，你会摆脱不了一种担心自我形象好坏和周围环境对你的压迫这种意识，因而，你会很拘谨、窘迫和不自然。你将会发现，你和周围的人和事，总有一种隔膜，不是你在分析对方，便是对方在分析你；尽管这种情况可能事实上并不存在，但你却会时不时感受到一种这样的暗示。于是，人在这时候，便越发有一种孤独感，只有他投身到他喜欢的事业中去，他才会觉得他是本来的自己。这时，以前的暗示都见鬼去了。我不清楚，这是本人的经验，还是自己的观察。反正，我懒得去想这些，尤其是现在。

我隐隐约约地觉得，搞人文科学的人，多多少少都有一种理想主义色彩或成分；没有这种素质，他就不可能在这个领域里有所突破，有所创造；而且我敢断定，要不了几年，他就待不住，定会溜之大吉的。

我很欣赏这么一段话：许多书的归宿是废纸堆，一有浏览，便可弃去；部分书的归宿是书柜，其中知识可以取用；有些书的归宿则在读者的灵魂中。也许，我的灵魂始终处于一种不安和悸动的状态，因而我一直在寻找一种灵魂的寄托或精神的安慰。看到这种书，全身仿佛都被调动起来似的，令人感到有一种冲动、一股激情、一份渴望和期盼；仿佛唯有此时，才会感觉一个饱满生命的存在。

——1989 年 3 月 9 日晚，厦大

研究生入学以来，我过的是一种什么样的生活，大概没有谁比我现在这时候更清楚的了。这大半年来，我一直不敢正视自己、解剖自己，虽然自己一直在同灵魂中的另一个我进行对话。很长一段时间，我一直陷在苦闷、彷徨、迷惘和困惑之中，尽管不时在暗示自己是该早日结束这种状态，去过我应该过的生活，去寻找我心中的太阳。然而自己却一直被一种看不见的惰性支配着，这种惰性使自己找到了一个借口。

现在的一切都得靠自己的感觉和判断去生活。任何人，在任何时候，都得有自己的判断，自己的价值取向，自己的价值形态；一句话，要有自己的信念和信仰。只要这种信念和信仰是真实的和正确的，任何时候，无论面临任何情况，都不该随波逐流。否则，会成为一种不正常的社会风气的牺牲品。从这种意义上说，我选择了历史学专业，应该是一种幸运。

今年，我刚满 24 岁，应该说，我还年轻，我必须经常这样命令自己、暗示自己：要珍惜这种年轻，充分利用这种年轻和延续这种年轻！我不敢说，自己经历了人生的诸多磨炼，但是，至少我可

以这么说，在思想上，在灵魂中，我一直在同自己做斗争。

任何学者，都应该把目光投向未来，而不应该老是盯着过去！如果过去、现在、将来有什么意义，那么，现在应该成为学者的出发点，过去则是他思考的论点的经验和证据，而将来则是他的目的和归宿。否则，任何科学工作者都将会被淘汰，他的一切工作都将是过时的，没有也不可能起一种超前作用，而人类正是依靠这种创造性超前意识，而一步一步地使文明擢升和进步。

——1989 年 3 月 20 日，厦大

人，果真有一个目标吗，其实没有；但是人们应该为自己创造一个目标。世界，果真有一个物理过程或生物过程那样的最终归宿吗，也许没有；但是人类应该为它树立一个理想的目标。这样，人活着，才不会失去支撑，才不会盲目、茫然和困惑。

我干吗老这么忧郁？如果我是一个大字不识的人，我会不会还像这样忧郁？我干吗老这么敏感？假如我对生活极其冷漠，假如我骨子里没有一点反抗意识，或者说，假如我已完全认同屈服现实的环境，我还会不会是这样？

——1989 年 4 月 9 日，厦大

星期一（5 月 8 日），骑车摔了一跤，去医院包扎。摔伤了，有机会躺下静养静思。我们都觉得很累，尤其是周围的一切令人丧气的时候，这种感觉便特别强烈。我们都在寻找一个能最大限度地表现自己的理想媒介，但我们却发现，我们一直奉为神圣的媒介却备受冷落，一种反常的冷落；不由得可悲，不仅仅为自己，甚至完全不为自己，而为我们的国家和我们的民族。我知道，我们不必因为

这种发现而痛心疾首，但除此之外，我们又能做什么呢？

但是，我还要说，朋友，别灰心！未来还是属于我们的国家的，不管这种未来是多么遥远，多么不可思议，但这种未来一定是明确的、肯定的。我们都认为日本可怕，但想当年英国同样可怕，在17、18尤其是19世纪，从来没有人想到过，某一天英国会受到挑战；更没有想到过，"一战"尤其是"二战"后的英国竟然落魄到这种地步。你理解我的话吗？今天的日本，或者说未来的日本，多么像过去的英国。但是，难道这是我们可以自慰的理由吗？

没有对立面，便没有刺激，更不会有压力。人有一种惰性，国家、社会何尝没有惰性！我是说，没有挑战，人会堕落的，至少不会进取的。那么，国家呢，社会呢？

——1989年5月12日，厦大

为什么杜威与罗素在世俗的生活，还算惬意，却又不失其巨大的创造力？而尼采他们却又这么悲惨，以至早夭？一个课题。

为什么拜伦会忧郁？为什么叶赛宁、莱蒙托夫他们会有烦恼？为什么舒曼会得精神病？为什么托尔斯泰晚年会离家出走？为什么川端康成、海明威，在他们声名登峰造极之时，却选择了自杀的道路？很多悲剧。

——1989年秋，厦大

20世纪的孤独，现代人的孤独。孤独与人类的年龄成正比，与个体的人的深度成正比。在孤独面前，有两种可能：要么毁灭，要么超越。而超越的代价和前提乃是：牺牲世俗的幸福，抵住现实的诱惑。它的结果与意义是：孤独者留下来的创作，在人类的思想文化宝库中，将永远是一笔财富。

——1989年秋，厦大图书馆

条条大路通罗马。不要因为这条道路通罗马，而去否定另一条道路的可行。

——1989年9月，厦大

最缺少什么，便最需要什么。这是一个真理，可以解释许多问题。

——1989年9月29日，厦大

从否定的意义上，从对立面的意义上来衡量某种现实的但看起来又无足轻重的东西的意义，这样我们的心情便会好受点。这是一个原则。

——1989年9月29日，厦大

现实的困惑，内心的不安，骚动、冲突、对抗、暴躁，摆脱这些，超越这些，也便铺开了这些，推进了这些，于是便有了这个过程，这个过程的自然结果便是创造。

——1989年10月10日，厦大

宗教，不仅是小说家、诗人、艺术家的创作源泉和主题，甚至也是哲学家们真实的归宿。

——1989年10月13日，厦大图书馆

原始森林总还是显得那么神秘美好，处女地总是被看得那么神圣纯粹，都是因为没有人走过，没有人染指。一切的脏污都是人自身造成的，假如没有了人，世界将会变得多么干净，而空气也因此有多清新？

假如真的没有了人呢？

想想看，再想想看，那该是怎样的世界？那又该是多么不可思议的世界啊！

——1990 年 10 月 19 日，厦大图书馆

我努力捕捉着

想再现那曾经令我灵魂战栗的瞬间

我捕捉着　回忆着

想等待

等待那一刹那的来临

然而什么也没有发生

我茫然地叹了口气

——1989 年 10 月 19 日，厦大图书馆

我的时代，也还没有来临；有些人是出生得太早了，尼采说。

为什么呢？因为尼采深知，他是在向权威、向正统、向秩序、向现状挑战。他是在否定，在批评，在怀疑，在打倒。而这一切的现在，他正在竭力打倒的现在，依靠他正在打倒的对象来维系其存在的现在，是人们最不可想象，也是为之最恐惧和担心，一种害怕崩溃的绝望和一切被否定所造成的空虚。但是，尼采终于意识到，这些，在将来，肯定会被打倒，而且必须要被打倒，如果人类还需

要进步，文明还需要发展。

谁最伟大，谁最权威，谁便是尼采的敌人。尼采打倒了一切，建设总比打倒或者破坏要难得多。

——1989 年年底，厦大

渴望着，渴望着一项值得为之奋斗一生的事业，一头扎进去，撞死在这项事业上，那时，即使我累了，即使我将不久于人世，我也会感到幸福。

可现在，我还没有找到这项事业，我还不能把握住自己，寻找，失落；再寻找，再落空 …… 时而兴奋，时而低落；时而明朗，时而黯淡。生命就这么循环，生活就这么往复。多么难挨的岁月，多么痛苦的心啊！

——1990 年 1 月 5 日，厦大图书馆

孤独，并非就是寂寞；孤独，是内在的气质。寂寞，并非就是孤独；寂寞，是内心的空虚。伴随着创造过程和创造冲动的寂寞、孤独，是一种气氛，一个背景；它，是值得玩味，并能引起品味的。支撑着人忍受这种寂寞、孤独之苦的，正是其中的希望，它非但不会毁灭一个人，反而会造就一个人。

——1990 年 3 月，厦大图书馆

太少理想主义成分，因而，我们的学术界，更多的是经验的总结和知识的收集。太少的唯心成分，因而，我们的创造，更多的是对过去的复制和对现象的解释。

——1990 年 3 月，厦大

在19世纪，在浪漫主义席卷全欧洲的时代，文学、诗歌、音乐、绘画甚至哲学，彼此之间，相互滋补，相互丰富，相互拥抱，因而，才会创造出那样妙不可言的精神世界，才会有那种无穷无尽的新鲜。

——1990年3月，厦大

神经，一直在紧张；灵魂，始终在骚动；思维，一直在运转。没有安息，没有平和，也没有宁静。很苦，也很累。怎能不苦，怎能不累？

现实，仿佛萦绕在自己周围一团浓浓的铅云，令人窒息，压得自己喘不过气来。想挣脱现实的网，想拨开心头的雾；于是挣扎，于是反抗，于是思索，于是痛苦。

网，看不见；所以，想反抗，却找不到反抗的对象；但是，自己却明明感受到了网的束缚。雾，也看不见；所以，想拨去，却弄得莫名其妙；但是，自己却分明感受到了雾的迷茫。

叫我们如何不苦闷？叫我们怎么能舒畅？

——1990年3月11日，厦大图书馆

我痛苦，说明我还活着，说明我的心还没有死。我讨厌正在堕落的自己，也瞧不起陪我消遣的空虚的同伴。

堕落？堕落！堕落的时候，头脑很清醒。头脑很清醒，却依然在堕落。

堕落！堕落？堕落的时候，心在流血，不甘心这种堕落。不甘心堕落，却又对这种堕落无可奈何。

找啊，我们在寻找，寻找一个寄托，一个支柱，一个依傍。那不是虚幻的，哪怕是虚幻的也好；那不是暂时的，因为这终究靠不住；那不是庸俗的，因为正是因为不堪这种庸俗，我们才会痛苦，才会痛苦地寻求。

找啊，我们在寻找，寻找一个目标，一种信仰，一个归宿。我会把命都搭上去，只要这目标是现实的；我会忍受一切困难，只要这信仰是崇高的；我会准备做出一切牺牲，只要这归宿是必然的。

——1990年3月13日，厦大图书馆

别把自己封闭起来，独自躲在某个阴暗的角落里，伤心地流泪。要知道，这都对你不公平！要知道，这不是你应该抱有的态度！走出去，走出自我制造的罗网，走出灵魂的阴暗，到蓝天下，到阳光中，到大自然里，去享受生活的温馨，去体验青春的欢畅。

——1990年3月18日，厦大

我们当中有谁不是在渴望和等待中生活，渴望爱情，渴望友谊，渴望新奇和新鲜，渴望能够改变目前的处境，渴望幸运降临，渴望奇迹发生……然后，便是旷日持久、没完没了的等待。在等待中生活，在等待中度过一生。正是这种渴望与等待，现实的与虚幻的，才使我们有了生活的支撑和勇气。人，是需要有支撑的；人，是需要有寄托的。

——1990年3月18日，厦大图书馆

我豁出去了，我再也不能忍受了。我要抗争，我要摆脱，我要重新开始自己的生活，重新把握自己的命运。

我下定决心，要同我的敌人决斗。我出去，我要战斗了；我要战斗了，当我准备全力厮杀的时候，却一阵茫然：我找不到敌人，没有敌人。天空依然是天空，人依然是人，周围的一切依然是有条不紊、井然有序。没有敌人，我找不到敌人。

不！敌人肯定藏起来了。不！敌人一定在什么地方！不然，我平时怎么会感到束缚？不然，我平时怎么会感到沉重？不然，我平时怎么会感到不舒畅？不然，我平时怎么会感到窒息？

快呀，快动手呀，还犹豫什么？还在等待什么？可是，我找不到敌人；可是，我不知道我的敌人在哪里。

——1990 年 3 月，厦大

理想，朴素点，再朴素点吧！这样，你会容易感到满足，感到幸福；这样，哪怕是微不足道的成功，都会让你感到惊奇，感到喜悦。

别老是不停地追求，不停地努力！别老是在你目标实现时，又把眼光投向下一个目标，投向新的领域！要知道，目标永远无穷无尽，你的追求也永远无穷无尽。

去你的。这些，我何尝不知道！我何尝又愿意如此！但既然我是这样的，我便永远无法变成那样的；既然我已成为这样的，我便永远无法还原成原样的。

——1990 年 3 月，厦大

总是不忍伤害对方，因而总是不停地受伤害。

总是不停地受伤害，总是不停地爱。

——1990 年 3 月，厦大

你曾说我狂妄，对此，我一直保持沉默。事后，我反复这样问自己：我们学历史的，有一种强烈的时空感；在这种时空感面前，备觉人生的短暂和个人的渺小，怎么会狂妄？怎么狂妄得起来？

我适合干什么？我又能干什么？朋友，我这样问你，也问我自己。

——1990 年 3 月 24 日，厦大

东方文明，尤其是印度文明、中国文明，是一个巨大的文化宝库，正在等待着我们，我们的下一代，甚至好几代人，去发现、发掘、领会、把握。遗憾的是，工业文明，商业文明，暂时转移了人们的注意力，暂时模糊了人们的视线，遮盖了这种财富。可以预言，在不久的将来，或许要过相当长的一段时间，这种文明的复苏和复兴，将会演变成一种普遍的文化运动，甚至可能是文化革命。那时候，经过这场文化复兴之后，世纪将是中国的世纪，对世界的关注，将会主要是对中国的关注。

——1990 年 3 月 25 日，厦大图书馆

如果一个人不能从同类中获得温暖和温馨，而这个人同时又具有一颗高贵的、不甘平庸的心；那么，他便会将他的温柔，他的灵性，投向天空，投向大海，投向生机盎然的植物，投向生动活泼的动物，投向整个大自然；或者，将他的精力，他的爱心，倾注于他正从事的事业；或者，投向文学的怀抱，投向音乐的王国；或者，转向对自己内心世界的关注……跟它们对话，跟它们交流。

在世俗的人们看来，这些人，也许是孤独的，但他们是充实的；这些人，也许是寂寞的，但他们是高贵的。正是他们，给我们的文

明，给我们的子孙，给我们这些庸人和俗物，留下的一笔巨大的财富——那是他们对话的记录，那是他们倾注热情和爱心的产物。

——1990年3月25日，厦大图书馆

每天，在图书馆看书的途中，一本书，牵动我的思绪，触动我的灵魂的时候，我都要抬起头，沉思好久；或者，缓缓地走出阅览室，掏出一支烟，在淡淡的烟雾气氛中，凝视着远方，向我千里之外的朋友，向我灵魂深处的未来的恋人，述说我的思绪，述说我的感动，述说我的喜悦，也许还有我那一丝惆怅。

——1990年3月29日，厦大图书馆

我相信，大凡与我有过类似经历的人们，都应该有类似的感受，那便是：一个人，想活着有意义，在活着的时候，既考虑到过去，又考虑到将来；与此同时，在官能上又不想委屈自己，或者说，甚至想放纵自己，这是根本做不到的。你要么成为前者，要么成为后者。

——1990年4月1日，厦大

"时间"，这东西之所以存在，之所以为我们所感受、所珍惜，是因为有"死亡"的存在。正因为我们恐惧死亡，我们才珍惜时间；正因为有死亡，我们才热爱生命。所以，我们会想到，在"生"与"死"之间，用"时间"这个词来计算。假使没有"死亡"，相信活着对我们每个人都是一种负担；假使没有伴随死亡的生命，恐怕我们谁也不会对"时间"这个概念有如此强烈的感受。

——1990年4月1日，厦大

"是不是你的心，已经迷失给那在无边的寂寞里向你呼唤的爱人？"记得泰戈尔的《游思集》中大致有这么一行令我感动的诗句。

是不是你的心，在无边的寂寞里一直在呼唤你的爱人和朋友的名字？

在无边的寂寞里，我情不自禁地吟起泰戈尔的那行诗；在无边的寂寞里，我更在呼唤着我在远方的朋友和我未来的爱人。

——1990年4月1日，厦大

假使一个人没有表现自我的机会、表现自我的对象和表现自我的过程，或者说，假使要让他终身默默无闻、悄无声息的话；那么，对于高贵的灵魂、不甘平庸的心来说，这无论如何是令人无法忍受的。

——1990年4月2日，厦大

是的，我们每个人都曾经有过那么一次，带着纯真的或许是幼稚的，但绝对是可爱的心，真诚地爱过。

是的，正是这些曾经真诚地爱过的人，又带着受伤的记忆，不再相信其中的神圣与美好了。

是的，我们每个人都曾经年轻过，都做过年轻的梦；然而，并不是每个人的心，始终保持年轻，始终做着年轻人的梦。

是的，我们都曾带着纯真，带着梦去爱；然而，后来我们不再是为了爱去生活，而是为了生活去爱。

是的，有时候，我们都有过这种或那种感慨；但仅仅是感慨，而且这种感慨很快又被生活的重负占据了，以至于根本没有时间和情致来感叹了。

——1990 年 4 月 4 日，厦大

我的生命力注定授予某一个领域，然而至今，我仍在这个领域外徘徊。我的四周是一片茫茫的空白，我不知道从哪里入手，向何处投足。有时候，即使有一点点小小的通道，我又担心会陷入死胡同，走进误区，而犹豫不决，始终在外面徒劳地徘徊。我不满这种状态，它使我感到焦虑和忧惧。要是一直这么下去，那我这辈子肯定完了。然而，对这种结果的恐惧，却把我推进更深一层的忧虑中。

当一颗心，想有所作为，却无法选择、茫然失措的时候，朋友，我们都会感到，活着，尤其是认真地活着，很累。

当一颗心，感到活着很累，想得到休息和抚慰的时候，朋友，我们都在心里呼唤着对方的名字。

——1990 年 4 月 6 日，厦大

不知是为什么，在食堂，在宿舍，在走路的途中，在看书的间隙，甚至是欢乐的刹那，无缘无故，经常有一股忧伤向我袭来，这种现象已经不止一次了。大多数的时候，这种忧伤，使我隐约感到远方似乎有一种神圣的声音在召唤着我，我也感到自己正在追求某种神圣的东西。它使我意识到自我的存在，从而使自己有了新的自觉。在这过程中，在这之后，我仿佛吸入了一股新鲜的空气，感到了清新，但也感到了沉重，尤其是一种倦怠，因为我至今一事无成，什么也不是。

——1990 年 4 月 8 日，厦大图书馆进大学以来，我一直在读文化名人们的传记，一直在这些大师们的熏陶和感化下生活成长。当我迷茫的时候，我总是扎进他们的世界中，寻找生活的答案；当我疲惫的时候，我必须呼吸他们的空气，获取生命的源泉。我热爱他们，用我整个的灵魂和生命拥抱他们。读了他们，跟他们进行了这么久的交往和对话之后，我再也不是以前那种天真烂漫、快快乐乐的我了。此后，我经常被一种深沉而严肃的思考所折磨，从没有感到轻松过。是的，读他们，在读他们的同时，我的灵魂仿佛也跟随着这些卓越的大师们，在理想的王国里，在精神的世界里，徜徉、漫游。自此之后，我在现实世界里生活的时间少了，观念世界占据着我大部分生命。看到他们共同的命运，他们孕育新生命的阵痛，他们灵魂的骚动和不安、思想的波折和动荡，这时候，很难说得清，我到底是悲叹他们的不幸，还是悲叹我们这些平淡生命的不幸？观念世界占据着我大半个生命的同时，我却强烈地感受到现实世界的痛苦和不公平。

——1990 年 4 月 9 日，厦大图书馆

即使爱情终究会被遗忘，但爱情的外在形式将长期存在；所以，我们还会有对新的爱情的渴望与追求，我们还会有获得新的爱情的希望。

即使爱情早已经消逝，但爱情的法律形式却依然维持着；所以，尽管我们打内心里承认没有爱，但是还要让外人相信，我们是生活在爱与被爱中。

——1990 年 4 月 9 日晚，厦大图书馆

一个出发点，那便是：我们要活下去，我们必须活下去，这是

一种本能。

一个共同的目的，那便是：我们要活得更好，我们要活得更长，这同样是一种本能。

为了这个目的，我们便开始了人生意义的种种探索；于是，我们便有了生活方式的种种选择。

为了过得更好，我们中的大多数人，在自己能力的最大限度内，去实践那种原义的幸福和快乐；在自己的能力的范围外，去追求那种原义的享乐和享受。

而我们中间的另外一部分人，出于对主体的自觉，对整个人类的自觉和全部历史的透视，则自愿去遭受苦难，甘愿孤独、寂寞，去从事一种企图永垂不朽的精神创造。这同样是为了活着，而这种活着更为奢侈，更为升华。

——1990年4月9日夜，厦大图书馆

人的一生，大部分是在平淡中度过的。一生中，假如有那么一次，假如仅仅就那么一次惊心动魄的时刻，那便足以慰藉了。我们绝大多数人，注定是要在默默无闻、悄无声息中不留一点痕迹地离开这个世界的。

对于生活的单调与平淡，一颗高贵、不安分的心，假如不会感受到无法忍受，也必定会感到痛苦；假如无法发现惊奇，也必定会制造惊奇；假如不能满足于这个世界，也必将会创造一个属于自己的世界。

我们不想勉强地生活，所以，我们活得总是比别人沉重；我们太不勉强自己了，所以，我们始终没有理由感到舒畅。

——1990年4月11日，厦大图书馆

心中的创伤经常被揭开，仅仅因为与你有过那么一段故事。你找到了你的现在，在你看来，现在便是幸福；我回到了我的从前，在我看来，从前才是我自己。我不是第一个受伤的，但我希望我是最后一个。经过这么多次折腾，相信你会懂得怎么珍惜你的现在；经过将来的磨难，相信你会重新珍惜你的过去。已经失去的，曾经属于过你；已经得到的，未必永远属于你。珍惜，珍惜吧；别再失去，别再有失去；珍惜你的现在，便是珍惜你的一生。

——1990年4月15日，厦大图书馆

我记得，人们常把杰出的科学家称为天才；我也记得，人们常把杰出的音乐家、画家、文学家，或许还可以加上哲学家（虽然这很少见）同样称为天才；但是，我不记得，有谁会把杰出的历史学家称为天才。这是历史学家的局限，还是历史学家所从事工作的局限，或者是人们对历史学家的偏见？我不知道。我所知道的仅仅是这一事实，让我感到悲哀的事实。

——1990年4月17日中午，厦大教室

西方著名的哲学家、文学家、艺术家，都曾从他们的远古文明，古希腊、古罗马文明，基督教文明，汲取过营养和血液。可以这么说，在某种程度上，他们都是荷马的子孙，亚里士多德、柏拉图的后代；他们正是踩在他们先辈巨人的肩膀上攀登文明的高峰的。

而我们中国人呢？扪心自问，我们到底从孔子，从老庄，或者说，到底从我们传统文化的精髓中汲取了多少营养呢？我们到底有多少人真正在发掘祖先赐给我们的这座巨大的文化宝库呢？而在我们发掘的时候，又有多少人是带着超越的目的在其基础之上从事卓越的创造呢？这或许可以解释许多我们没法解释的现象。

——1990年4月17日，厦大教室

财富和权势，对保证其他领域的成功，如果说不是绝对的，那么，至少可以说，它们会使得这种成功来得快捷些，来得容易些。

——1990年4月18日，厦大图书馆

哲学家致力于寻求人生的意义，这种寻求反而给他自己的人生带来如许苦难。

其实，何止是哲学家呢？

——1990年4月，厦大

忧郁，它是一种高贵而又高尚的痛苦；这种痛苦，是一种奢侈，一般人是没有资格享受的。它不像忧伤或忧愁，忧郁，是一种气质，是恒定的；而忧伤，则是一种情绪，是暂时的。

——1990年4月19日，厦大图书馆

人们总是喜欢依据经验去测度和把握未来，这样的人很多；所以，很多人都很平庸。

——1990年4月22日，厦大

我们总是有太多的感动，太多的感伤；也许因为我们心中有着太多的记忆和太多的憧憬。

——1990年4月28日，厦大图书馆

在16、17世纪，或者可以说更早一些时间里，要做一个剧作家，必须首先做一名诗人。

——1990年4月28日，厦大

在19世纪的法国，或许包括这之前的时间，或许还包括这之后的岁月，要想获得成功，必须首先去巴黎；成功之后，便又想逃出巴黎；然后，再回到巴黎……

——1990年4月29日，厦大

人应该诚实，却不可以老实。诚实可以赢得一个人，老实则过分了点，反而会被别人所驾驭。

我想改变自己，彻底跟过去告别，开始另一种新的生活，可是，我却不知道：心，依然是原来的那一颗。

——1990年5月8日，厦大

人类需要刺激，需要新鲜，需要别样的模式和全新的境界。

对于传统的，对于权威的，对于流行的，对于熟悉的和被认可为正统的思潮、主义或学说，其被推崇的程度和时间，都有一个度，一个极限。这些，对于过去而言，是革命性的；但是，我们很快发现，人类总有一天会对它们产生厌倦，而它们总有一天会变得消极，甚至成为新的革命的障碍。于是，便有不满；于是，便有批判；于是，便有新的选择和新的探索；于是，便有新的学说和新的思想的诞生；于是，也便有了新的权威和新的崇拜。崇拜和权威，又有了新的否定，如此反复，无限推演……

永恒与不朽，只是对于历史上的地位和作用而言；不会有无限的崇拜，任何一种学说都不可能长期统治人类的思维的。

——1990年5月8日，厦大图书馆

艺术之所以永无止境，是因为没有固定的法则，不受任何框架和规则的约束与限制。思想家之所以能成为思想家，是因为他们在成为思想家之前，早已把个人的荣辱得失乃至生命置之度外了。

——1990年5月9日，厦大

目标本身并没有意义，或者说意义不大，它只不过给人们指明方向，能够自觉而不至于盲目和迷失；只不过使得行动有了理由，或者意向。不会存在一个终极目标，人们也永远不会停留在某一个目标上。但却不能没有目标，也不能没有终极，否则人类会绝望的。

——1990年5月9日，厦大

我想说，一个真正的文学家，还必须同时是一位深邃的思想家。他奉献给社会的作品，不应该只是娱乐性或消遣性的。他应该懂得，如果他不想被历史或后代所忘记，他的作品就应该引起当代人的思考，甚至下几代人的沉思。

——1990年5月9日，厦大

我们这种人，欲望太盛，不安分，所以，我们命中注定不能幸福。

什么时候，我们能够把欲望变成行动，把幻想变成现实呢？

想行动，却感受到束缚；想前进，却感受到遮掩。我们总是从外部找理由；于是，外部的困难成为不能行动的借口。我们没有想到，或者不愿意正视，真正的障碍来自我们自身的因素，来自我们深层的惰性。这种惰性，使我们害怕失去我们原来所有的一切。我们总是患得患失，我们总是顾虑重重；于是，我们大部分宝贵的时光在这中间失去，或者让这些代替了行动本身。

——1990 年 5 月 15 日，厦大

我们不可能获得真实，只能接近或无限接近真实。

——1990 年 5 月 15 日，厦大

任何一种探索，都始于人生的探索，或者都是由对人生的探索引发的；然后，才会有社会的探索，自然的探索，各种艺术和专业的探索，直至一切的探索。

我们在寻找人生和幸福的终极意义，所以，我们一生将很少会有满足和轻松的时候。

——1990 年 5 月 26 日，厦大图书馆

尼采是哲学界的瓦格纳；瓦格纳是音乐界的尼采。

——1990 年 5 月，厦大图书馆

随着年龄的增长，我们思想上的惰性、灵魂中的束缚，将越发沉重，我们自己也越发感到行动的艰难和重新塑造自己的不易。

——1990 年 6 月 3 日，厦大

色彩明朗，感觉愉快，能够引起这种感受的事物是美的；但这同时又是最一般、最大众化的审美。对于诗人，对于画家、音乐家、哲学家来说，相反，某种荒凉和残破，某种孤寂、萧条、废墟、残片之类的东西，通过与主题的心灵与感觉融合，他们从蕴藏其中的内涵里发掘出令人深省的意义来，能激发出一种独特的、苦涩辛酸的、深沉忧伤的审美趣味与社会人生。然后，把这种感受和体验，借由他们专业的表现媒介，展示出来，便是艺术。

——1990年6月15日，厦大图书馆

为了寻求解脱，而暂时误入歧途，自甘堕落；然而，想从中拔出来，重新开始新的生活，该多么难啊。这是因为你的心灵又增添了一份沉重，沉淀着一份沉重的记忆。正是这份沉重和回忆，可能使得你对自己，对将来失去信心，看不到希望。

警惕啊，人们！要知道有多少天才和杰出的人物，正是毁于某种恶习和堕落！

——1990年6月15日，厦大图书馆

每个人都在真诚地祈求幸福，祈求爱情。然而，大部分人都在这样叹息：幸福在哪里？爱情在哪里？

"高尚的人，都是不幸福的"，契诃夫这么写道。

庸俗无聊的人们，大多数都容易在庸俗无聊中感到幸福。

在人生、幸福、爱情、事业的旅程上，痛苦挣扎、孜孜以求，却依然难能如意的，倒是知识界的人们。

——1990年6月19日，厦大

人需要忘掉自己和需要表现自己的欲望一样的强烈；有多少人是在忘掉自己中度过一生，又有多少人是在忘掉自己中虚掷浪费了宝贵的生命。

——1990年6月23日，厦大

人的外在尺度，也许可以用外貌、权力和财富来衡量，而人的内在尺度，却应该用意志与判断力去把握。

哲学家都是禁欲主义者，而文学艺术家则是纵欲主义者。

做诗人不容易，做一辈子诗人更不容易。年轻的时候，那份激情，那份冲动，那份向往与追求，化作缕缕诗情，也许不足为奇。而一个人到老的时候，还能够保留那份诗心，还能够歌唱，可以说是相当难得的。

——1990年6月25日，厦大

人们认为，搞艺术的人对生活都是玩世不恭的，但艺术家对艺术的态度总是真诚而虔诚的。

实际的人，活得绝不会窝囊；但是，其发展却永远无法跳出实际的圈子。

理想的人，活得都那么艰难；然而，一旦经受了考验，其思想将会永放光芒。

我们可以看到，许多优秀的哲学家、艺术家生前都穷困潦倒，但死后却养活了一大批冒牌的哲学教授和艺术工匠。

我们同样可以看到，许多人生前活跃而显赫，死后却默默无闻，一去不复返。

活得痛苦，活得艰难，活得寂寞而孤独的人，都是绝不会苟且、绝不会马虎的人，都是心中有一团热气、一把火的人。

虽然痛苦，虽然艰难，虽然寂寞而孤独，却依然执着，依然孜孜以求，依然在泥泞而凄惨的大地上写下：我相信未来！

——1990年6月30日，厦大

俄国著名风景画家加米涅夫，曾经到列维坦等一批青年画家的住处，看他们的习作。看着看着，这位寡言少语的大画家说了这么一句意味深长的话："该是我和萨夫拉索夫死亡的时候了。"说完后，就蹒跚地走了。

历史的进步，文明的擢升，新旧的更替，不也是如此吗？

曾经是革命的、开拓的，后来成为权威的、正统的，再后来成为障碍的、惰性的思想学说，以及他们的创造者们的命运，不就是沿着这条轨迹发展下去的吗？

应该想开的，曾经的权威们，为了整个文明和文明的将来！而且要想到这是一种必然。

——1990年6月，厦大图书馆

在俄国，画家列维坦《幽静的去处》便是作家屠格涅夫的《门槛》，俄国风景画的发明权不属于风景画家，而属于文学家，普希金、莱蒙托夫、屠格涅夫都走在画家的前面。在德国，最影响哲学家尼采的却是作为音乐家、歌剧大师的瓦格纳。文学、音乐、绘画、哲学、历史等之间，如果缺乏沟通和感染，将会失去大半个生命与活力。在我们国家，在这方面，比较而言，做得还远远不够。

——1990年6月，厦大图书馆

斯拉夫民族总是那么饱经忧患，中国人民总是那么多灾多难！有一个高加索，有一个西伯利亚，就够了；有我们成片的村庄，有我们苦难、愚昧和宿命的农民兄弟，就足以说明一切。什么时候我们的国家会富强？什么时候我们的社会能够焕然一新？

——1990年6月，厦大图书馆

从平淡中挤出意义，从废墟中引出内涵，从毁灭中看到悲壮，从死亡中孕育新生。这就是诗人。

——1990年7月1日，厦大

一望无际的牧场，成群的牛羊，放牧的小孩，背着号角；置身其中，是绝对无法体会到一种诗意的，而只有麻木，或者麻木的反面——厌倦，无法忍受。但是，在诗人、文学家、画家、音乐家眼里，却是一首诗，一篇小说，一幅画，一个乐章。

深夜，在病中。人们都已经入睡，厦门正值台风期。外面风雨交加，一片汪洋，一片漆黑。大腿内侧，一个大脓包，正在诞生、成长。奇痛难忍，翻来覆去，却只能独自消受，独自吞饮。外面风雨，世界寂静，只有自然的音响伴着我的伤痛。一种绝望而深沉的情绪。这就叫作孤独，另一种鲁滨孙式的被世界所抛弃的孤独。

科学家的首要素质是必须具有一个高度精密、严谨、抽象的头脑，而文学艺术家则必须始终要有一颗敏感、纤细的心。记住，朋友，作为一位杰出的人文科学家，千万别忘了自己的使命，在看到一点的同时，又要试图摆脱这一点的影响。天才，从来不会相信自己是天才。相反，大部分天才对自己都是没有信心的，都是不满意和不满足的。然而，正是这种不满，正是对这种不满的反抗，驱使着天才们无穷尽地劳作，默默地耕耘，流泪流汗。然而，正是这一切造就了他的卓越与光荣。

我发现，许多人似乎有一种天性，那便是很容易成为书虫，成为书本的奴隶。切记，朋友，三十岁前是准备磨刀的时候；但三十岁之后就应该放下一切，去拼去杀；就应该有勇气，向权威、向正统、向现状挑战。我们也许根本没有打算打倒一个世界，但是创造需要这种方式、这种手段和这种刺激。在某种意义上，某种勇气，便赋予了某种能力。尼采，假如不是三十岁前眼睛出了毛病，不能看书，也许就不会有尼采了。

到今天，我才觉得，中国古代、近代的魅力和意义来。那是一个永远有待开发而取之不竭的历史文化宝库。我才明白，为什么西化最严重的日本作家三岛由纪夫转而极力关注由东方的传统而产生的有个性和魅力的美了。我们终究要回到我们出发的地方，只有在这里，我们才会感到安宁和平静，才会有一种家园感和亲切感，才不会觉得没有根，没有一个先定或未知的归宿。否则，我们永远会有这样的感觉：城市是别人的，繁荣是别人的，喧嚣是别人的，一切都是别人的，一切都与自己无关。我们永远在流浪和漂泊，我们永远一无所有。

千万别自我感觉良好，感觉良好是自然的结果，而不是主观和超前的。某些人也许还可以造就，也许还有弹性可塑，然而，就是因为不知天高地厚的自我感觉良好，其水平也就永远停留在这种"良好"上。正是这种"良好"代替了进取心，代替了超越意志和超越冲动。

——1990年7月1日，厦大图书馆

与女人的交往，对雨果来说，是一种灵感的源泉，一份体验，一个素材，一种动力和活力。假如没有女人，作为文学家的雨果，也许早已死了。

真正的爱情，对莫泊桑来说，永远只能是一种渴望和憧憬。一旦成为现实，他很快又会感到厌倦和不满足。对女人，他抱着一种玩弄和蔑视的态度，但他也会因此更加讨厌自己，更加渴望那种纯真而美好的情感世界。这是一个冲突和悲剧。

纯真而深邃，幼稚而睿智，是天真烂漫的小孩，满怀激情和略带忧伤的年轻人，智慧的老人，这三位一体，便是泰戈尔。

——1990 年 7 月 2 日，厦大

我们想活得高尚点，所以，我们才会如此痛苦。

假如我们能够接受庸俗和丑恶，也许，我们的心就不会如此不安。

——1990 年 7 月 23 日，厦大

等待中，最感无聊；思念中，最觉孤独；长想中，会有几多烦躁；企盼中，有着一丝不安。

假使我的生命里，没有爱情，也没有了友谊，我将只剩下一个徒然的躯壳。没有灵魂，没有活力，没有生机，没有激情，没有冲动，因而也没有创造。我会感到空虚，感到茫然和盲目。我不知道，我活着，我苦斗，到底是为了什么；也不知道还有什么别的值得我去拼搏。没有人分享我的快乐，没有人共饮我的忧愁；没有了支撑，只觉得整个人好像没有了根，也没有一个既定或未知的归宿，在茫茫中漂泊，在孤独中流浪，在回忆中消耗。只知道，我活

着，仅仅是活着本身，仅仅是靠一种生命的本能挣扎地活着。至于生活的意义，至于青春的意义，至于未来的意义，此时，已经不再像过去那样拥抱我、指引我、鼓舞我了。

——1990年9月2日晚，厦大

经常写点东西，会使自己变得高尚起来。经常读点诗，会使心灵得以净化，境界得以提高。有时候，梦便是意义；有时候，希望就是支撑。没有梦，也没有希望，总感到活着缺少支撑，总觉得活着很茫然。

——1990年11月3日，北京

每一次旅行，踏上一块陌生的土地，在繁华的都市中，在熙攘的人群里，我在寻找，寻找一种熟悉而遥远的感受；想体验，体验那种总是令我怯生生的、无所措的惶然。

如今，我却学会了，在陌生的世界，依然旁若无人地昂首前行，不管身后的风沙，也无视前面的坎坷，尽管形单影只。

啊，我一直在渴望那种令我怯生生的、无所措的惶然！

——1990年11月10日，北京

你需要孤独！

当你体验某种感觉，感受某种境界，欣赏某种风景，这时候，你需要孤独！

因为，这时候，你才真正属于你自己。在跟周遭环境对话的时候，你全心全意地投入，没有干扰，也不必去应酬。

也因为，在你处于一个陌生而缤纷的环境中的时候，你的反应才是本能的、原始的和全心全意的，因而才算是真实的和独特的。

——1990年11月11日，北京

这次游学出差，经过诸多体验、反省和思索，最大的收获和结果将是，此后，会是走向孤独和寂寞的新阶段，我会把那些美好的东西珍藏在心间，带着激励，带着安慰，走向一个更加茫茫的未来，走向一段艰难和枯燥的奋战。相信我会等到那一天的，相信那一天将是我受苦、受难的结果和结局。

——1990年11月18日，北京

我希望，有一天，我能够这样对自己说，作为人，我是高尚的；作为朋友，我是坦荡的；作为儿子，我是孝顺的；作为学者，我是有分量的；作为恋人，我是执着而又痴情的。

——1990年12月17日，厦大校医院

学科与学科的对话，尤其对从事人文科学的人们来说，更需要这种创造背景和创造形式。哲学与文学之间，文学与哲学之间；诗歌与哲学之间，哲学与诗歌之间；音乐、绘画、雕塑与哲学、文学之间；等等，便会派生出令你我感到战栗和惊奇的精神产儿；那交叉地带，那彼此的碰撞和吸引，是一块等待开发的处女地。

——1990年某月某日，厦大

对任何一位从事人文科学的学者来说，尤其是对一个富有创造力的学者来说，具有一般的心理学知识，尚且不够，他自身便应是一位心理学家，敏感，感觉纤细，感受强烈，思想和感情都是一种辐射剂。

——1990 年某月某日，厦大

对主体自我的自觉，对整个人际命运的透视，然后，把这两者放在历史长河中把握。每一个严肃的人，都不能摆脱这样一个命题的纠缠，那便是：人，该怎样活着才有意义？

有的人，是为了现在活着。这样的人，作为一个生物，在活着的时候，他也许会感到幸福和快乐。然而，临终的时候，只要稍许反省，他将会留下终身的遗憾。

有的人，是为了将来活着。这样的人，作为一个生灵，在活着的时候，一直在跟死亡挣扎、搏斗、较量。也许他的一生将充满着痛苦和忧伤。然而，当他对生命做出了交代，在他回首的时候，他便死而无憾了。

——1991 年毕业留校前的某月某日，厦大

对于从事人文科学工作的人来说，过多的理性，至多只适合于进行科学的量化和归纳的工作。而对于创造性活动来说，却是不适宜的，甚至在某种情况下无法从事生动的、有血肉的创造。因为这种创造，本身就伴随着情感的运动，需要激情，受着冲动和无法抑制的欲望的驱使；而这些，是与理性、冷静的东西格格不入的。

——1991 年毕业留校前的某月某日，厦大

情感生活就是这样，有时候，你最不情愿接受的方式和结果，往往是你最好的方式和结果。因为，这样你将拥有永恒的回忆和

永远的遗憾。永远的遗憾将会生动你曾经的回忆，而曾经的回忆又会丰富并补充你现实中平淡与单调的生活。假使你再前进一步，说不定你会因为日后的琐碎冲淡甚至否定你曾经的过去。情感生活就是这么复杂和微妙。

——1991年1月19日晚，厦大凌云一

我这人，理想色彩太浓，因而，在很多事情上，总是用这种标准作为自己行动的原则；本来以为对得起自己的良心，至少心里不会有愧疚感和犯罪感。哪知，进入生活、世俗和社会的圈子，总会与之发生冲突，因而不时会感到委屈、气愤，甚至茫然。这时候，才隐约地觉得，生活远非我们想象的那样轻松，好多事情并非能用善与恶、道德与非道德解释；有时候，事情的真相恰恰在于社会给予其界定与定性的反面。这是我最近才悟到的。

——1991年1月25日，厦大

我失去了你，却赢回了我自己。

——1991年2月，厦大

生活的终极目的和原则，都是幸福和快乐。有时候，我们之所以能忍受或者情愿忍受苦难，也是为了将来获取更大的幸福，或者是我们这样认为，暂时的受苦受难是获取更大成功和幸福的途径。

假使我们的忧郁和苦难，不能带给我们任何意义，那就让苦难和忧愁见鬼去吧。只要想想，活着到底是为了什么，我们就没有必要自己折磨自己，自己跟自己过不去。

假使你试图每天经常对着镜子，微笑地面对自己，然后再把对自己的这种微笑面向别人，面向生活，我想，你将会发现，世界上的一切原来是那么的称心和抒情。

假使你试图每天清晨起床的时候，都许诺一个希望，一个期待，或来信，或电话，或约会等，我想，你将会发现，每天的你原来是那么的兴奋和充实。

——1991年2月5日，厦大

热情，充满信心，享受生活，富有情调和乐趣。

痛苦的时候，尽量放低对自己的要求，不要苛求自己，不要自省太多，不要浸沉其中。这些都是以后的事，总结教训，也是以后的事。

目前，所能做的一切，是使自己能尽量解放出来，走出那片黑暗，穿过那片丛林，走过去了，便赢回来自己，赢得了将来。

我们不必讳言，我们都是凡人，我们都很脆弱，而当我们本身无法承受那份打击、那份摧残的时候，我们所能做的，便只有积聚自己那种生命冲动和激情，保存自己，恢复元气，以便再度出击。

生命是宝贵的，当一切的一切，到了危害它，同它相冲突、相违背的时候，对生的渴望和呵护，都应该放在首位。

假使你需要摆脱，你就应该注意寻求新的突破、新的寄托，以转移那份旧的痴迷与投入。不过，请你注意，切勿重蹈旧的覆辙。一份友情，一阵温馨，一点关心，便让你激动不已，这就够了。

——1991年4月，厦大凌云一

让我轻轻告诉你，放松些，快乐些。每一天，都是一年中最美的日子；每一年，都有着每一个年轮的心情，过了这个季节，就不会有这个季节的天气了；虽然也会有雨季，也会有花期。

也请记住，你的快乐，也是我的快乐；而你的痛苦，将会成为我双重的忧伤。

——1991 年 9 月 7 日晚，厦大新区三

中秋节的夜晚，十二点左右，我会去海边与你交谈的。那时，我将走过一路风景，找一个清静的角落，没有外人打扰，站在一块礁石上，点上一支烟，对着阵阵的海涛和点点的灯火，在同一轮月光下，告诉你，一颗年轻的心周围那份浪漫温馨的氛围；告诉你，映衬着这氛围的那种缤纷却不失柔和的背景。

——1991 年 9 月 17 日，厦大新区三

痛苦，是一种投资，就像寂寞、孤独，必定会得到补偿一样，而且它的效应绝不会总是负值的。

——某年某月，厦大图书馆

年轻的时候，支撑着我们活下去的，是希望，一种对将来的憧憬；中年的时候，支撑我们活下去的，是义务，一种对家庭、对子女的义务；年老的时候，支撑我们活下来的，则是靠本能，一种对生命、对生活依恋的求生本能。

——某年某月某日，厦大图书馆

游思与随想二

有一种美，叫北京大学；有一种情结，是大学时代；有一份情怀，是校园生活；有一个角落，是青春人生。

——2017年3月17日，北京

人民的名义是神圣的，不是什么时候，也不是什么人都可以随便使用的，否则便是滥用和盗用。国家的名义至高无上，同样神圣，如果用多了、用滥了，便是适得其反，是对国家的贬低乃至亵渎。

——2017年4月9日，北京

规则与制度的重要性，国内政治如此，国际政治同样如此。代际更替的重要性，不是顺势主动而为，就会被形势倒逼，而陷于革命性关口。国家如此，机构单位亦然。

——2017年5月8日，北京

远离"垃圾人"，此时此刻，此情此景，不值得理论，是自尊自爱，不是懦弱；是自我保护，不是歧视；是自我升华，不是孔乙己。

——2017年5月9日，北京

干部档案造假可恨可气，反映的却是报复式塌方：报复谁，谁是最大的受害者？麻木还是警醒：因为人民监督的缺位，因为制度化的失效，因为形式与实质的脱节，因为理论与实践的分裂，也因为个人道德价值观的沦陷。

——2017年5月11日，北京

敬业与专业的真正榜样和启示：永远保持对国家的绝对忠诚，始终做人民信任的可靠磐石。据报道，美国联邦调查局（FBI）代理局长在参议院的证词与白宫完全反调，说全局大部分同人对被解职的科米局长保持最高敬意。

——2017年5月12日，北京

历史告诉我们，代际更替，如果在某一代的某个环节或某个时段不能顺利实现自然更替，无论以任何理由或没有理由，其滞后的破坏性负面效应，对任何单位和机构将直接影响至少两代人，都是革命性的颠覆和冲击，其矫正和康复也必将是剧烈、动荡和漫长的过程，并且迟早都会难逃被历史和未来清算的。这是代价与惩罚。当然，特殊时期，也有例外，即战争、动荡和革命等极端时期。

——2017年5月13日，北京

内秀方会屹立，行稳才能致远。太极如同外交，都不是动刀动枪，却在举手投足不经意之间摆平了对手，并不露声色地给足对方面子。难怪很多做金融的人，都如野兽般嗜血与歇斯底里，极端张扬自我，似乎不通人性。但我仍宁愿相信，真正的金融顶尖高手，都会如同太极高手一样，不仅内敛温和、彬彬有礼、尊重对手，而且超越了许多庸俗和世俗的东西，有着很大很广很高的关怀、胸怀和境界。

——2017年5月16日，北京

释然与鼓舞：因为严重滞后和脱节，才会显得如此重要。因为问题长期堆积，才会如此集中发力。因为迫切需要，才会如此高规格重视，才会凸显严重匮乏和严重后果。

没有以科学为基础的技术进步，不仅没有基础支撑，而且不会持久。没有以人文为底蕴的科学技术发展，不仅会变得机械、盲目和虚无，而且缺乏丰富的想象力、创新力与驱动力。没有以社会科学为现实关怀与理论关联的人文学科，不仅将严重脱离世情国情民情，而且将很可能变成自娱自乐、阿谀奉承、妄想自闭的象牙塔。反之亦然。

疑问：好的政策方向，是否能完全落实贯彻，是否被下面稀释虚化，是否被各式各样精致的利己主义者忽悠和误导，从而严重变味？值得严重关切。

——2017年5月17日，北京

历史是一面镜子。当我们在消费朝鲜时，在俯视的同时，回首过去，应该都有很多感慨。这只是看世界和看自己的一种维度。还有另外一种维度。那便是我们也应该拥有良好健全的心态，看待我们所欠缺的域外社会和文明的优点和长处。历史不该被遗忘，我们更不该选择性地失忆。

——2017年5月18日，北京

民国时期大学校长院长敢为天下先的操守风骨今何在？有担当和信念，才会有闯劲和韧性；有制度和文化保障，才会有硬气和正气。

——2017年5月19日，北京

有权就可以如此任性，有钱就可以如此任性，有话语权就可以如此任性。那我可不可以姑且也来任性一次呢？无论是对上交差，还是对外作秀，都难掩大学领导和学者们力不从心之困境，都难掩学术制作的自欺欺人。不过，到底是发自真心的、有自知之明的委屈和无奈，还是真切地发自内心的"高大上"，甚至是精致的欲迎还拒式的扭捏，咱们就不懂了，也无法知道了。我唯一确信的是：专业机构对门槛标准的操守，已经堂而皇之地沦陷至如此地步，并且冠以如此崇高的名义，一流大学的悲哀也。这哪里是骄傲的对外发布，简直就是挖坑。忽悠吧，请来点深奥难懂的，专业点儿好不好？连稍有一点专业常识的人一眼都能看清的东西，如此处置，适得其反，可惜了。

——2017年5月20日，北京

批评够重磅的了，令人好没面子。虽然听起来令人刺耳，只要没有严重的偏见，若讲的是真话（谅他也不敢讲假话），总比虚伪的吹捧要友好与关切得多。尤其在当下世界满堂喝彩时，尤为珍贵，值得反省。

——2017年5月27日，北京

追授，不仅有太晚之疑，更有赶趟之嫌。难免让人疑问：之前干吗去了。

——2017年6月1日，北京

曾经的高考反正了被颠覆和倒置的价值观，激活了僵滞、封闭、高度意识形态化的社会动能与人民心智。因为四十年前的拨乱反正，才有今日中国的发展进步。这是制度化保障的公平公正经典体现。法治化保障的公平公正竞争机制，不是赐予，不是施舍，不是恩惠，不是奖赏。是人民的基本权利，是政治稳定的基础，是社会流动的通道，是经济发展的动力，是民族竞争力的源泉，是国家长治久安的基石。

——2017年6月5日，北京

郑永年《中国知识的悲歌时代》一文，一针见血，切中时弊：既是国家和社会之殇，又是知识分子之殇。脊梁塌了，精气泄了，神与魂便成问题了。这是国家可持续发展与民族竞争力的核心课题。

——2017年6月6日，北京

人类社会哪里都设有基本的道德操守门槛，与制度、文明和意识形态的差异没啥关系。

——2017年6月7日，北京

专业化遭遇行政化的讽刺。基层如此，上层亦然。基本原则的东西不是可以随意制造和任性置换的：矫枉不必过正，权宜不应失算。

——2017年6月11日，北京

贤妻，慈母，良师，益友：不是每个人都能够经得起困难考验的，不是每个人经受困难考验后都能够依然保持初心、不被扭曲的。陈兆璋教授，无党无派，解放前厦大文科才女（理科才女为同年级、同宿舍好友谢希德教授），一位普通的中世纪史教授。其夫君郑道传教授（王亚南教授高足），一位老民盟人，1957年被打为"右派"，双目失明。艰难的岁月里，陈老师独自撑起一家四口的生活，默默相夫教子敬业，无怨无悔，保持着做人做事的尊严和本分。平凡中见光辉。

——2017年6月16日，北京

咱们民族的知识分子，历史与政治情结总是太过深厚。无论是论战，还是影射，无论是大的曲意迎合，抑或是小圈内世系的相互抬举，文化与学术如果不是成为外衣，便是成为工具，甚至企图成为霸权。啥时候咱们能回归成学术批评新常态呢。

——2017年6月17日，北京

不愿相信美帝总统竟然敢如此倒行逆施，大搞个人崇拜。即便这届个性特别的总统本来就有如此个人癖好，我也宁愿相信这是特殊时期背后的特殊信号。调查竟然已经正式搞到了老子名下，考验你们的时候到了：内阁部长们更需要保持对总统的个人忠诚，同舟共济，千万别在背后给我捅娄子、掉链子。这可是政治任务，否则别怪我不客气。太直白弄巧成拙啦，颠覆得可爱的老普。相比之下，还是政治老手克林顿精明老到。

——2017年6月18日，北京

养家与养育之间，很多时候不是选择与被选择的一厢情愿的关系。

——2017年6月18日，北京

太铺张、太奢华：门面固然重要，但里子更为重要。没有厚实里子支撑的门面，只能是排场，其结果适得其反。

——2017年6月21日，北京

如果民主不一定是个好东西，至少竞争无疑是个可放之四海的好东西。周三美国共和党两场特别选举完胜，与其说是暗示2020年特朗普很可能会再次当选，毋宁说更是警示民主党：若想夺回白宫，需要更加努力打拼，并作更长远计。一个非常重要、迫在眉睫的问题：民粹主义与精英政治之间的极端对立，呼吁时代、国家和世界，迫切需要更有担当、更有远见卓识的政治家，而不只是投机钻营的政客。

——2017年6月22日，北京

只要是江湖，出来混，迟早总是要还的。可悲的是，偏偏就是有很多一开始名不见经传的人竞相充当幕后高手的白手套。于是便有了很多中国富商的神话与传说，但却绝非故事。天下没有那么多容易的事：其实，成功只有过程和故事，绝不会是神话与传说。

——2017年6月23日，北京

体育政治的特殊之处，在于它始终是面向广大民众的政治，重大决策始终需要向国民交代，一味迷信手中的硬权力在这里基本不管用。无论背后的政治多么正当，甚至暂时难以言说，国家都应该始终坚持大是大非的标准原则，都应该公开解释说明为什么的问题。没有了这种大是大非观念，再加上没有了透明化，这样的政治往往只会冒犯广大国民，而且将最终烧到自身。这可是严重违背体育运动的初衷和体育政治宗旨的。

——2017 年 6 月 24 日，北京

个人与组织之间，人事与政治之间，关系网络与官僚系统之间，机遇与必然之间：感慨的不只是厚道和人情，更有勇气担当与原则理念，还有个人的渺小与无助。在此环境中，人性固然会得到感化与提升，但更多的是堕落和扭曲。如果不成为制度的牺牲品与投机分子，唯有坚韧与坚守。难得的，不仅是少有的，而且是始终如一的。

风物长宜放眼量：原来中华文化的修身，强调个人的定力与修为，不只是做人的个人修养，更有大的制度历史与政治文化的大脉络考量和指涉的。难得的感动与感悟。

——2017 年 6 月 25 日，北京

很多时候，批评，虽然听起来不舒服，总比谄媚更赤胆忠心。历史上，中华民族从来就不缺谄媚者。当下理论的庸俗和异化与知识分子的庸俗和异化并行不悖，才是民族精神、创新精神和可持续发展之殇。

现代化是指工业化、城镇化、市场化，是各族群和文明的自主选择，未必是一味地西化，非西方的现代化有自己很多很浓的文化

元素。西化则不同，是唯西方马首是瞻和以西方为坐标的，是唯一的和没有选择的，而且还包括以西方为模式的民主化。"现代化即是西化"，如果不是一种学术范式与意识形态，那么便是扣帽子和打棍子，是同样需要警惕的。

——2017年7月1日，北京

不是给予和恩赐，也是权利和责任：中国青年需要解通、呵护和培养，不仅关于世代交替，而且关乎特色国家核心竞争力与长治久安。一样迫切需要有可以憧憬依靠的出路与公正透明的社会流动机制。

——2017年7月2日，北京

自媒体、多媒体条件下，亚洲社会特别需要警示的吊诡：在一个信仰知识、知识驱动和具有独立人格的知识分子的社会里，是求真求是的追求与严肃的讨论；在一个娱乐知识、凌驾知识和以知识分子为附庸和工具的社会里，则是选择性的表演和工具性的安排。过于自信与缺乏自信，以致迷信和肤浅，是亚洲社会最大的隐忧之一。

——2017年7月2日，北京

北大还是有不少像李零那样具有血性、风骨和正气的教授的：不谄媚，不投机，不分裂，不娱乐，不哗众取宠和招摇撞骗。

——2017年7月2日，北京

没有程序与专业门槛的代价：可悲可恨的不仅仅是骗子本人，

更是背后包装骗子大行其道的机构和制度文化。冰山一角。国家与社会安全的软肋。

——2017 年 7 月 3 日，北京

和平发展，包容兼爱，改革开放，不是手段，而是信念，不是工具，而是目的。

——2017 年 7 月 3 日，北京

学术江湖与明星打造：游戏与规则。个人的信用固然重要，机构与制度的信用最重要。到底是百花争艳，还是金玉其外，我看不懂，但领导一定很懂。

——2017 年 7 月 5 日，北京

借鉴：除了政经霸权博弈，更有文明交流融合。中国崛起背景下，寻找中国与世界关系的恰当定位。港大副校长《联合早报》这篇文章，值得内地大学校长们心里好好比照。

——2017 年 7 月 6 日，北京

道德操守，不只是口头宣传说教，更是政府审查约束机制。《华盛顿邮报》：一直与白宫存在严重分歧的联邦政府道德操守办公室主任宣布辞职。

——2017 年 7 月 7 日，北京

"良知"大概就是"操守"；"良知"每个人都需具备，不能任性；"专业操守"更是如此，没有选择。高度、境界与情怀，不仅仅是挂在嘴边上的煽情与宣言，更是以经历、视野、自信和襟怀为依托的修养与检视。小时候似懂非懂，长大后似信非信，现在才豁然开朗。

——2017年7月7日，北京

据说马来西亚巴生肉骨茶最地道，从吉隆坡赶来，更多感受到了朋友的热情和本地华人发自内心享受特色美食的满足。幸福其实很简单，更多的是一份文化与生活的记忆，外加一份平和憧憬的心境。

——2017年7月29日，马来西亚巴生

错过，很多时候是终身的。早晨的海滩，雨后的朝阳，枯木中的翠绿树，洗涤一身的风尘和疲惫。年轻的时候，喜欢在人少的时候去看海，以为海寂寞。清晨是这样的时刻，冬天也是这样的季节。纵然海滩人多喧嚣，热闹的只是背景。骚动的是青春，驿动的是生活，惦记的是过去与远方。几十年过去，依然故我，一往情深，不愿深刻。此时此刻，怀念槟城的海，怀念狮城的海，虽然都是一样的马六甲海峡。椰风蕉雨中，怀念鹭岛鸭川和遥远的西洋。

——2017年7月30日，马来西亚彭亨州

退潮露出小红树苗，惊喜。与刚认识不久的小干女儿俩人一起跑，比一个人海边单跑更令人心动。从天气阴沉与阳光灿烂的瞬息变化，感受愉悦，并憧憬着。

——2017年7月31日，马来西亚彭亨州

"今天，几乎一切都可以成为商品，唯一例外是想象力，迸发出新思想火花的能力。"资中筠先生这么年长却如此先进，不免令我们这些在职的中青年学人羞愧不已。

——2017年8月2日，马来西亚吉隆坡

吉隆坡都市里的清晨，令人情不自禁想起圣诞节前中山大学夕子湾的黄昏和日落。当时讲座刚完毕，文慧老师特意驱车带我们去一个一般人无法找到的地方。

——2017年8月6日，马来西亚吉隆坡

学术的宗旨是分享，而非垄断。

——2017年8月6日，马来西亚吉隆坡

最自然的，往往都是最美好的。最原始的，往往需要最现代的，才能欣赏和被欣赏。正常才能自然。

——2017年8月8日，马来西亚吉隆坡

又见清晨，太阳仍未升起。

——2017年8月9日，马来西亚吉隆坡

什么是中国？时间与空间的图像视角：祈福，国家治理体系与能力的现代化强身固本。

——2017年10月3日，北京

庸俗与流氓文化之所以盛行，在于我们似乎缺少一种精神与价值的内核元素，虽然不必称之为贵族的。

——2017年10月4日，北京

学者的职责是独立与关怀、思辨与怀疑。当下中国，太多的劣币驱逐良币了，只要厚颜无耻。

——2017年10月5日，北京

代表性是系于一体的：角色与场景，故事与结构，碎片与主题，文本与分析。

——2017年10月6日，北京

核心的东西，始终是孕育的根本，无论是作为表达的语言形式，还是作为身份认同的价值文化，或者作为自然界的原理。

——2017年10月7日，北京

永远的王道：他山之石，可以攻玉。不朽的警示：存亡之别，在于傲慢还是敬畏的取舍，对己如此，对手亦然。

——2017年10月7日，北京

边远的旅行，文化的体验。

——2017年10月10日，北京

没有判断力是癌症，有再多的知识也只是皮囊。

——2017年10月10日，北京

让人动心的应该不是北大全景图本身，而是人们对校园的归属感和对青春的眷恋。深秋燕园那份别样的清冷，湛蓝的天空，以及令人魂牵梦绕的校园歌曲旋律，构成当下特别时间节点的燕园风景图令人刻骨铭心的主题元素。

——2017年10月11日，北大燕园

美国凝望中国新时代，中国人民升级美国梦。

——2017年11月5日，北京

大学的精神，人类社会的基石。我相信，我信仰。

——2017年11月7日，北京

指标性新意义：环境与科学之间是来不得半点虚伪的，遑论行政权力与资讯垄断性腐败。

——2017年11月10日，北京

雪里梅山，憧憬转山一圈。

——2017年11月15日，北京

余光中：大家的诗人，古今中外都是一样的正能量。虽然个性张扬奔放却纯粹质朴，大胆前卫却真诚满满，关注自我却自我超越，拥有家国情怀却怀抱人类大爱，热爱生命而关爱自然，探索永恒真谛。哪里来，哪里去，不是每个人都能回归。回归，固然是每个人同样的宿命，却是需要天性、灵性和修为的。

——2017年12月14日，北京

艺术固然需要激情燃烧，激情不一定总是需要燃烧生命来完成。其实，珍惜生命和热爱生活，一样是激情燃烧，并且是激情四射的不竭之源。聚散本是生活的常态，如同轮回是生命的真谛。不舍，才是真情流露；把不舍化为不朽，需要珍惜当下，重拾生命的激情和对生活的热爱。这是对逝去的最好的纪念，也是对失去的最好的补救。

——2017 年 12 月 16 日，北京

有些不一样的中国女人天生注定是跨界的，唯有在跨界的间隙中，她们不一样的天性才不会被扼杀。如果足够幸运，在异文化缝隙中继续坚守并绽放，那么有一天被母文化视为奇葩，则是迟早的事。到底是对其个体异质的肯定，还是对其在异文化中弘扬母文化的肯定，或者是对异文化的顶礼膜拜，这里已然不重要。重要的是，并不是每个中国女人都能如此幸运。

——2017 年 12 月 17 日，北京

台词：不只是语言，更是生活。不只是生活，更是思考。不只是思考，更是境界。不只是境界，更是哲理式的超越和超越式的玩味。

——2017 年 12 月 18 日，北京

南方：其中的可能与许多的想象，学术的，政治的，经济的，社会的，文化的。

——2017 年 12 月 29 日，北京

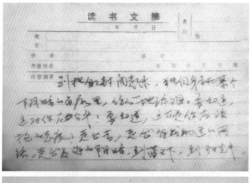

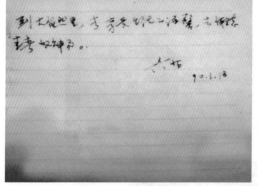

厦大札记手迹（1990年3月18日）

厦大札记手迹（1990年5月26日）

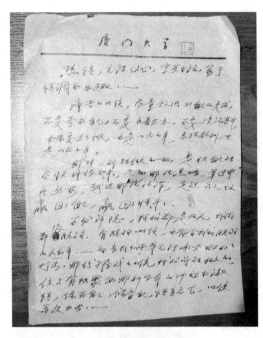

厦大札记手迹
（1991年4月）

在阿姆斯特丹大学办公室
大楼院内（1999年11月）

在新加坡国立大学亚洲研究所办公室（2007年7月）

博士导师 H. Sutherland 教授在颐和园（2007年11月）

在奥克兰皮哈黑沙滩
（2018年8月）

参加梅西大学奥克兰校区讲座（2018年8月）

与韩素音第二任丈夫 Leon Comber
博士在 ISEAS（2018年10月）

与新加坡国立大学中文系副主
任李子玲、日文系系主任汤玲
玲餐叙（2018年10月）

抵达阿姆斯特丹当天，在中央火车站偶遇20年未见同学Margit和她先生
（2018年12月）

在莱顿街头（2019年1月）

与导师Sutherland教授在阿姆斯特丹海城大酒楼喝午茶（2019年2月）

澳门大学操场夜晚刚跑完步
（2019年9月）

在新西兰梅西大学北帕校园（2019年10月）

游思与随想三

历史与人类学的链接和碰撞：华南与中国，中国与世界，侨乡与海外华人。

——2018年1月2日，北京

其实，法律、意识形态与社会舆论，本质上最终都是合一的。

——2018年1月2日，北京

台湾大学新校长的遴选：如同南京大学一样，求变与变革的新开始。

——2018年1月6日，北京

北大未名湖首开冰场：感觉，还是体验；念想，还是共同体的圣地。燕园的冬季，祭祀与娱乐的时刻，真的来了。

——2018年1月7日，北大未名湖

爱国，本是公民的基本、平常与理所当然，通常是不需要宣讲的，更是不需要张扬的。一般地，只有在危急和危机的关头节点，爱国的呼吁和说教，才不会空洞、虚无和分裂，会有迫切性、鼓动性与真切的广大受众。如果不是内心对此有真正情怀的学者与长者，是无法长时间将如此真切鲜活清晰的长篇故事与个人感受娓娓道来的。与其说是为其学理的朴素所说服，毋宁说是为那一代知识分子独特的人格光辉。受教致敬的同时，脸红耳赤的，为同时代很多同龄和不同龄的知识分子。

——2018年1月9日，北京

从延安宝塔到燕园的博雅塔，不仅是空间的距离，而且是时代的穿越。除了时代与共同体的元素外，塔，从来都是想象与被想象的，是属于内心的、圣灵的和美好的，依每个人的不同精神内涵而丰富、演绎、记忆和膜拜。当然，两者又都是结合的。所以，灯塔、佛塔和宝塔是也。但燕园的博雅塔，如果不是唯一的，也是特别的，不仅是校园的属性，不仅是象牙塔的联想。

——2018年1月11日，北大未名湖

马英九谈蒋经国，机遇、巧合与必然：划时代的政治遗产永远是划时代的政治家追求的最高历史定位。不是每位政治家都能幸运地成为划时代的政治家的，划时代的政治遗产也不是无缘无故地降落在某位划时代的政治家头上的。

——2018年1月12日，北京

性骚扰与性贿赂，都是犯法的。

——2018年1月12日，北京

门当户对，最后一个门面白的校门终于对称，给撑起来了。但愿里子的塌陷不会被华丽的门面所掩盖，也能与面子一样强势修复。表里一致，方为完美。

——2018年1月15日，北京

中国课题的敏感性：大学惯例做法而已，美国政府与境外媒体太上纲上线了。得州大学不是不想要钱，而是不敢如此收钱，因为那样经不起检视，可能会动摇了大学的底线，得不偿失。不说校外反应铺天盖地，恐怕连校内教授都会把校长办公桌掀翻的。

——2018年1月17日，北京

新时代与新生代的警示：21世纪的中国不能不重视东南亚暨广大周边，不能持俯视、无视的态度，尤其是操控所谓学术话语权的大佬们。区域国别研究不能只是招牌，不是研究本身。大学学术严谨务实的基本操守与几十年留存下来的蜻蜓点水式的、应付式的、赶趟式的形式主义文化顽疾，应该是格格不入的，如果依然不能完全摒弃。

——2018年1月17日，北京

他山之石：当徒子徒孙刻意吹捧成为一种文化，便是顽疾。此种伎俩以前似乎可以长期瞒天过海，当下恐怕玩不转了。造神当然可以，但需名副其实。导师崇拜无可厚非，但不能取代学术专业市场的规则共识。学术派别是学界竞争的常态形式，但是不能破坏学术的基本生态。虽然这是十多年前的文章，现在阅读清醒似乎正是时候。

——2018年1月17日，北京

学者的基本：批判、怀疑与想象力。

——2018 年 1 月 19 日，北大燕园

武大教授被举报造假：当"玩法"成为一种学术时髦与机构文化，有多少"造假"还没有揭开，有多少"头衔"还可以继续堂而皇之。重要的是：谁在玩，与谁玩，玩的规则是什么。清楚这些，一切便懂了。

——2018 年 1 月 25 日，北京

品质：敢于直面和发掘自己，哪怕缺陷，是谓成长与超越。

——2018 年 1 月 26 日，北京

事件政治化，至少有两大颠覆性恶果：一则偏离大学教育专业化与开放性的定位，一则重蹈"文革"打倒专业知识分子悲剧的覆辙。

——2018 年 1 月 28 日，北京

不值得张扬：从校长到本校院长，如果在职没有退休，是高风亮节、能上能下；如果早已退休，难免联想退而不休、变相滥用权力、间接利益输送，除非是一元象征性年薪。

——2018 年 2 月 4 日，北大燕园

北方与南方之间，不仅有中心与边缘，以及文明与野蛮之长期历史偏见，而且具有保守与开放的现代争议，遑论海外华人社会。现代中国知识分子烦躁、失落和分裂，以致长期在两极中游移，失

落了定性。饶宗颐先生活化石的标本意义正在于此。

——2018年2月6日，北京

"哲学"这玩意儿，不一定是指经世致用垄断的意识形态，或者是指象牙塔的遥远玄学；对普罗大众而言，其实可能更是关于散文和诗歌的理性，以及看世界、看生活和看自己的艺术，或许还有一份心情、期待和追求。

——2018年2月13日，北京

好像专门为了除夕，从未名湖到雁栖湖，一路云淡风轻，一尘不染。此时的燕园冷清，因为彼处的故乡热闹；平时的燕园热闹，所以彼处的故乡冷清。

——2018年2月15日，北京

衬托，不是对比；融合，不是背景。

——2018年2月16日，北京

政治与政治提携，从来就不是热血恩赐，而是关乎生存与未来的冰冷现实。

——2018年2月17日，北京

山雨欲来风满楼，风物长宜放眼量：海啸来袭，摧枯拉朽；兵败山倒，势不可当。不是无病呻吟的警示，不是哗众取宠的宣示。提前预警和面对批评是国家长治久安的软实力。

——2018年2月19日，北京

排外，固然与民族主义密切相关，其实，基本就是自高自大、故步自封、保守僵化、狭隘脆弱、浮躁功利与傲慢偏见的代名词。

——2018年2月22日，北大燕园

再次绽放，再次洗礼：那一代的人，那一年入学的人，生活的重量，弹指一挥间，芙蓉园78级学生四十年后返校，能够如此奔放灿烂，初心仿佛，激情依然，春心隐约，仁心显现，表现有品有位、有爱有情、有真有诚，了不起。我虽然不是中文系的，也情不自禁地点赞。

——2018年2月23日，北京

所谓肤色的春晚黑色幽默，不是比较而是较量，不是谴责而是错位，不是偏见而是存在：政治与真理之间。

——2018年2月25日，北京

洞见，无论西东，无论南北。中国"精英"的秘密恐惧不是来自对于"草根"不满的恐惧，而是大量财富的负担以及如何把财富向海外转移的问题。

——2018年2月26日，北京

中国台湾地区大学成为政党厮杀的工具和平台，是社会沉沦不可救药的指标。这才是最值得警示的。

——2018年2月27日，北大燕园

仿佛依稀刹那，换了人间。

——2018年3月6日，北大燕园

谜题与迷思，问题与焦虑，差异与霸权，谜底到底在哪里？

——2018年3月10日，北京

所谓西方四次"大礼"，固然是中华民族复兴的外部战略机遇，其实，中国内外发展战略今后如何不重蹈西方四次"大礼"历史的覆辙，才至关重要。

——2018年3月14日，北京

今日大雪纷飞。与冬雪不一样，迟到的春雪，除非身在其中，照片是显示不出来的。

——2018年3月17日，北京

不应该不懂的：学术就是学术，科学便是科学。学术与政治，科学与文化，固然密切关联，也是学人们的深切关怀。然而，学术界的学人们，却不可以扯此大旗，转移专业讨论交流的议题方向，甚至改变争论的性质，更不能以此手法掩盖、防守和捍卫。这其实是对捍卫的本土国家、社会和文明的专业失职。批评的武器，固然不能代替对武器的批评，但物质的力量一定要以物质的力量回应，是谓对等、专业和有益。学界之间，不是政府或文明之间，也不一定是学界与政府暨文明之间，更不是江湖之间；应该秉承的是，专业的对话回归专业的范畴与规则，是基调和基本盘。是谓专业职责，也是专业操守。

——2018年3月19日，北京

无论喜欢与否，面对和理解方是应对之道。

——2018年4月3日，北京

缘分或命运：该来的，迟早都会来的，无论什么季节。

——2018年4月4日，北京

进步从来都不是理所当然的，特别是机构的和制度的：丑闻令日本京都大学东南亚研究所元气大伤，但以此为契机，京大东南亚研究所被迫开始积极突围，结构性重组，积极引进人才，变得多元、开放和国际化。当然，在性骚扰惩罚与保护这个问题上，更是今非昔比了。

——2018年4月6日，北京

公民社会就是这样的，无论西东。儒家社会呢，更是强调因果：无论彼此。任何东西，最终都需要还的。善的，福报；坏的，恶报。不知此连锁事件，是否对北大文科几十年的大江湖生态有所触动，如果不是撼动。

——2018年4月7日，北京

初心与纯粹，永远是学者的本分。

什么时候，曾经纯净的学界，尤其是象牙塔里仍在位的许多所谓大佬们，纷纷华丽转身，不仅变得功利与投机，而且变得庸俗与自大，并且理直气壮。中国特色，在这里早已异化与变味，成了此种行为自我掩盖和自我防守的皇帝新装。实际上，年轻一代的学人心里早已明镜似的，始终期待代际的传承，渴望风范的指引。这应该不仅是特殊时代的特殊烙印，更深层的因素恐怕是品性的失范与专业操守的缺失。学术与学人，无论世道如何变幻，其中最大的不同，是一份共同体的超越、修养和坚守。为初心与纯粹，礼赞。

——2018 年 4 月 7 日，北大燕园

　　大学生之所以为大学生，是因为他们都是天真烂漫、纯洁无邪和活泼可爱的，拥有代表着未来和希望、有思想和有担当的美好青春。学生与学校本来就是一体的、共生的和相互热爱的，从来都不是对立的。这是教育的根本。北大应该为新时代这样的新青年感到骄傲和自豪。

——2018 年 4 月 9 日，北京

　　为了一个共同的心愿：都是为了我们的学校、我们的学生、我们的老师、我们的校园和我们的国家，变得更加美好。

——2018 年 4 月 9 日，北大燕园

　　历史的启迪与历史学人的超越：观念的变革与视野的开放，技术的创新与机制的改革，不仅仅是全球与国家治理的大事，也是关系到基层领导和百姓切身利益的大事；不只是对外宣示和讲给美国特朗普听的，更是讲给基层领导和老百姓听的。咱也来讲一回政治。

——2018 年 4 月 11 日，北京

西湖大学，值得点赞的探索、示范与引领：改变生态，改变规则，打造专业市场与学术共同体。

——2018年4月17日，北京

今天是北大运动会的开幕式，今年是北大建校120周年。每年的运动会，只要没有出访，作为吃瓜良民的我是必定参加的。早6点起床，天下着大雨，心里嘀咕着运动会开幕式肯定要被淋个落汤鸡的。匆忙热了一杯牛奶加麦片，然后不带手机，撑着伞，骑着车，冒着雨，赶往学校。到五四体育场时，看了看时间是7：10，比预定的到场时间7：30提前了。趁时间空闲，自己便打着伞，冒雨绕操场行走一周。进行中，大喇叭广播突然道：由于大雨，运动会入场式暂时取消，今天比赛是否进行，视情况再定。听后我既舒心又纳闷：舒心的是，领导心中有装着人民的情怀；纳闷的是，运动会的宗旨不就是一份精神吗，何况今年运动会很特别，可是恰逢北大建校120周年校庆啊。不过，纳闷归纳闷，纯属个人的事情，没有一点情绪，这点我心里清楚。带着这份思绪，我像往年一样，去找咱历史学系的入场站位，绕了一圈，没有发现历史学系的旗帜。孤独失望之余，碰到邻居方正的陈老师，然后又迎来了历史学系同事何晋和春高老师。何晋老师照相一张，发到历史学系群里。回家后，换了湿透的衣服，立马取来手机下载了群里照片。今天是一个值得纪念的日子，专此存念。

——2018年4月21日，北京

无论贵贱，每个人都需经历；无论高低，每个人都需回归；无论西东,生命与生活的本质都基本相似。

——2018 年 4 月 23 日,北大燕园

法治与人本,是新时代的新气象。基层不能两面性,与国家背道而驰。尤其是引领中国气派的高校,更当如此。我依然相信,始终相信:人,活在这世界上,是需要信仰的;人是这样,国家与社会更是如此;这应该是前辈和机构给晚辈和员工必须确立的规范,尤其是在学校和对学生们;人类文明始终不变的信仰便是相信;我依然相信,始终相信。

——2018 年 4 月 24 日,北大燕园

青年是热血和火种,是希望和未来;基层某些官员不应为了自保,假借组织的名义,甚至假借国家的名义,伤害无辜的学生。这样最终伤害的不只是青年,而是整个民族、社会和国家。

——2018 年 4 月 24 日,北大燕园

致敬北大曾经的嘘声,呼唤北大失落的精神。

——2018 年 4 月 29 日,北大燕园

等待:清晨,燕园太阳初升,宁静清新,没有人影,静得出奇。宁静,通常是祭祀仪式的前奏曲,其实是在酝酿高潮,在准备喜庆,在等候学子返校,在迎接大家心中那个共同的日子。

——2018 年 4 月 30 日,北大燕园

“五一”的怀念:由于是直接从本校考研就读,从来就没有想

到过自己竟然被算作1988级研究生入学校友。当年，厦大历史学系硕士生人数为7人，每月拿特区补贴奖学金112元左右，瞬间便有了迈入小康似的幸福感。1991年留校任教，第一个月薪水218元，在当时已经非常高了。此后，有能力可以固定开始从薪水中寄30元生活费给乡下老母亲。再以后，随着条件慢慢变好，90年代可以逐步把给老母亲的生活费涨到每月寄60元、100元和150元等。"1988年秋季入学的厦大本科新生1848人，分布在26个系40个专业，硕士研究生277人，博士生22人。"

——2018年5月1日，北京

谢冕，永远的校园；青春，精神的校园；人生，心灵的校园。

——2018年5月3日，北大燕园

变迁，还是蜕变；缩影，还是投影：校内的和校外的，中国的和世界的，物质的和精神的，更有时代的。燕园2018年五四青年节。

——2018年5月4日，北大燕园

陷阱：工具式的混淆与刻意性的搅局。还是任正非清醒，不要以为美帝是资本主义、头号帝国，一窝蜂式的反美便是永远"政治正确"，就像不要以为"左"倾是革命的因而也会永远是"政治正确"的一样。

——2018年5月12日，北京

"月光是借来的"，旭日独自辉映在个人的世界里。正念与梦想，赋权与改变，从信念开始，从自己出发，从儿时播种。

——2018 年 5 月 22 日，北京

不期而遇：来南方大学答辩并讲座，与厦大师弟同台，在校内招待所电梯碰到本系同事。事毕客散，各奔东西。傍晚一个人在校园里溜达。从招待所出门，寻到图书馆，再到东门附近运动场，然后原路折返，经仙人故居，从中轴线左转，直奔南门（以前几次出差住北门，印象也局限于北门），思量到南门口对面品尝校园周边小吃。交通灯旁，问询一个年轻学妹，学妹说吃小吃最好去东门。一直沿着指点的方向，找到一家海鲜小吃。挑了三份餐点，105 两银子。一个人快吃完时，把手机从背包里掏出来看，25 年未见的学妹联络上了。到学人馆喝茶，吃了闭门羹。只好折返学妹的学院办公室，在她的学院办公室品味了校园特色的现磨咖啡。海阔天空，聊了很久后，送学妹回校内教师住宅西区门口。然后再一个人沿很有特色的老教授学村小路徜徉，返回招待所。至此，东西南北中，终于算分清了。

——2018 年 5 月 26 日，中山大学

此时此刻与何时何地，东西南北与古往今来：西式的"Long time no see"与中文的"好久不见"，日常的寒暄与特别的含义，珠联璧合，殊途同归。演唱会上，歌手的演唱演绎的是个人的故事，引发的却是大众的共鸣。毕业季里，校长的演说阐述的是普世的价值，激发的却是个人的灵感。两性之间，相向互补，同理同心。

——2018 年 5 月 27 日，北京

亲情与根脉，是一种最基本或许也是最伟大的人性。

——2018年5月28日，北京

耶鲁校长2018年毕业演讲：我愿意相信，这是一位纯粹、有激情、充满情怀的校长。

——2018年6月1日，北京

人情世故便是政治，儿时梦想即是初心。

——2018年6月2日，北大未名湖

原则的边界与冲突：在机构执事的边界与个人行事的边界之间。

——2018年6月4日，北京

思想的高端便是智慧。然而，不是每个国家领导人，更不是每个普罗大众都能有如此看问题的视角和境界。所以，理解和信任是思想观念交流沟通的重要价值观基础。

——2018年6月5日，北京

今天系里年度体检，虽然最后报告仍未出来，但两项现场重要指标令人鼓舞：彩超说，我五脏一如既往特好。血压值为73—112，机器自动测量应该可信。清楚记得2012年在东京外国语大学客座工作例行体检时，手动检测大夫说，我的心率和血压就像二十多岁的年轻人似的，可以互证。

——2018年6月7日，北京

从2017年福州酒店房间号1111到今天广州酒店房间号911，有如此巧合：早晨9:30出门，机场临时改机票13:30班机。广州台风，起飞晚点一个小时，天空中多盘旋一个半小时。大水，对我出行最便捷的机场巴士停开。改出租，排队等好久不见一辆的士。再辗转坐地铁，从买票到转两站，终于抵达终点站。同学接站，再步行十分钟到酒店。我第一次在穗坐地铁，可不是"911"给吓大的。想起去年第一次去福州住酒店的房间号。值得纪念。赶紧下去找饭吃啦，晚上得加班准备明早大会主题演讲呢。

——2018年6月8日，广州

出发时挑了这本书，喜欢《跑着思考》，虽然不喜欢副标题的沉重。读过村上春树的《当我谈跑步时我谈些什么》，说实话，除了开始的几页和其中的几段令人心动外，总体上，我更喜欢《跑着思考》这本书。作者罗兰兹，以个体的经验、哲人的素养和些许文学的手法，分享了这个普世而严肃的课题，有趣却一点不枯燥和深奥。欣赏本书放飞的叙述、浓郁的生活、积极的诗意，以及健全的情感。重要的是，书中所记平淡日常生活背后满满地跳跃着追求、关怀、思辨、超越、回忆、想象与审美。会议结束了，回程便可以让自己放飞，但我却绝不思考的。

——2018年6月11日，广州

芙蓉食堂，两只馒头，一顿晚餐。为了你，跋山涉水，刻意独享。不是矫情地回味大学时代的饥饿，只是真实的急迫的念头。我在的九年里，你没有今天这样艳丽，却是我心里永远的风景。这里，曾经的许多人和许多事，对我都是有恩的。藏在心里的，很多时候没有机会说出来，很多人永远没有机会说出来。来去匆匆，不是寻找，更不是回味。青春不再，是找不回来的；时光流淌，不可以只是生活在回忆里。美好的东西，是无法永远留住的，只能是此时此地。年轻时，总是盼望成熟；长大了，总是渴望归零。校园，留下的是记忆的青春；远方，写下的是真实的人生。

——2018年6月16日，厦门大学

昨天重要日子十三小时都在飞机上欢庆。早晨从酒店起来，在周边一个人走了一个小时，淋了一身雨，跑到酒店附近一家韩国餐厅。即将在这个遥远的太平洋岛国度过一个半月，想起来，一点不偶然。我职业生涯足迹主要是与海滨、港口、半岛、海洋相关联的。

——2018年7月2日，新西兰奥克兰

第一天抵达，便是两场雨，来得快，去得也快。中午下雨时，拼命跑还是淋湿了。晚上出来健身时，突然再次下雨，刚好躲进路边一座四周玻璃防护的巴士亭。年轻上大学时，从不带伞，也买不起伞；下雨了，便一头扎进雨中，不记得当时是不是酷。现在发现，记得便是奢侈。这里，路边走路的行人很少见，是贵族，也是外人，何况晚上，更是孤单。一个人，漂洋过海，刚刚上岸，黑夜里在奥克兰马路边一座巴士亭里，从避雨，到观雨，再到赏雨，只是瞬间的转变。幸好自己是男人，也走过不少路，包括风雨，包括夜路，就像此时此地的今晚。大雨中，酒店在一公里远的附近，就是回不去。雨停了，我也写完了，该慢悠悠回酒店了。

雨后没有天晴，然而有星星；雨后的清新愉悦是分明和清楚的，虽然这里是寒冷的冬季，我也从来不是陌生的旅人。

　　——2018 年 7 月 2 日，新西兰奥克兰

　　夜晚，大雨过后是繁星满天；星星之后，是蓝天白云。今天要搬到大学对面的酒店，可以安顿长住了。

　　——2018 年 7 月 3 日，新西兰奥克兰

　　银杏树叶大部分都落下了，为啥就你们几片杏叶依然不落？或者，你们到底会坚持到什么时候？要知道，附近的草坪依然翠绿。夏天的时候，我到这里体验冬天；秋天的时侯，我又将到另一个地方寻找夏天。

　　——2018 年 7 月 5 日，新西兰奥克兰

　　晚霞中，为什么只有你独自辉耀，不是月亮；水石上，为什么只是你们默默相伴，不是我们；画中的这一家子，冬天的父亲到底去了哪里；坡的那边，是风景，还是险境？

　　——2018 年 7 月 7 日，新西兰奥克兰

　　男女对抗赛，是谓真正男女平等：紫红衣为女队，黄白衣为男队；女足平均年龄约 21 岁，男足约 18 岁，年轻裁判自豪地告诉我。你们练球，我也可以在旁边歇息一会儿；即便要下雨，我也带了伞，不慌。

　　——2018 年 7 月 8 日，新西兰奥克兰

　　历史不仅是传承的，而且是互动的。一个过于浮躁、得意、自

夸、自我、功利与虚无的大学与知识分子阶层，尤其是院系基层，是一个国家面貌与民族精神的典型反映，无论表面上物质繁荣多么令人自豪，都是暂时的，虚幻的，投机的，缺乏操守、脊梁和担当的，最终是会停滞的，不仅会受到历史的惩罚，而且会受到下一代的报应。

——2018 年 7 月 9 日，新西兰奥克兰

当大学院系的发展动力依赖于学术大佬的招租寻租，而非学科战略布局、学术潮流方向引领、专业标准价值取向确立，自由独立激荡学术氛围养成，以及和而不同学术共同体认同文化凝聚，好日子都将是暂时的和倒置的，是以牺牲机构、学科和下一代为代价的。

全面改革开放的意义在于，秉持优秀传统元素的同时，打破内部保守僵化话语霸权与固化利益集团。发展，从来不只是单线的，应该是多元的，并且有比较和竞争性。当院系话语霸权几十年如一日始终不变时，固然是稳定与和谐的表征，然而却是温水煮青蛙式的停滞，甚至倒退。

大学与学者一大鲜明特色与担当是，固然有各自国家和民族的使命担当，然而山外有山，天外有天，学术边疆无止境，唯坚持学术第一和真理第一，应是以专业服务国家、民族，因而它也是人类世界的最好方式。

当我们的目光，尤其是领导层，一方面投向国际一流大学与教授时正视而恭敬，另一方面对属内大学与教授俯视甚至漠视，那是一种价值动力的顾此失彼，如果不是本末倒置。同样，当我们的大学和学者，一方面对上迎合与对外开放，而另一方面对内保守甚至封闭时，本质上至少是一种权力霸权与垄断，至多是一种权宜、投

机和工具型的形式主义与权术策略。

——2018 年 7 月 12 日，新西兰奥克兰

夜空中，弯月的旁边，有一颗星星在辉耀，如果不是始终。

——2018 年 7 月 16 日，新西兰奥克兰

联结：从朝霞到夕阳，在此处眺彼处。

——2018 年 7 月 17 日，新西兰奥克兰

身在陆地，海在心中；夕阳旭日，天地之间；人在何处，风景之外。

——2018 年 7 月 18 日，新西兰奥克兰

冷月，清静而寂黑；夜路暗，心里透亮而平和。同样的黑夜，同样的人，纵然光影闪烁，仍然分不清远处夜路上的行人；一样的月亮，一样的路灯，不知是月亮辉映灯光，还是灯光映衬月亮。明与暗，近与远，灯与月，人与物，天壤之别的转换，竟然可以在转瞬之间豁然开朗。冷月，也是夜行人心中灿烂的光明。

——2018 年 7 月 19 日，新西兰奥克兰

奥克兰市区伊甸山（Mt. Eden）顶端的中心罗盘，旁边是 800 年前的死火山喷发口，如今一片温柔的翠绿，似乎有意无意地掩盖昔日的怒火。光柱下照耀的地方是诗人出海处，他们的出海应该绝不是捕鱼或者探险之类。海滩的对岸岛屿也是一座死火山，如今完全成为一个生态岛，没有住人，也不允许住人，如果登岛需要自备

食水和垃圾处理袋。一个总人口480万人的国家，奥克兰一个城市就占三分之一。一个国土面积是日本三分之二的国家，人口只有日本百分之四，建设得如此之好，生态保存得如此之好，了不起。

——2018年7月21日，新西兰奥克兰

早7点从酒店出发，在基督城（Christchurch）转机，抵达但尼丁（Dunedin）城已是中午12:40。从落地到出租车，一路风景印象倒不错。这是一个大学城，12万人口的靠海小镇。酒店安顿好，第一件大事是找餐馆。餐馆的位置倒不错，我抵达时，已过了中餐时间。听从小女生推荐，点了本地的炸薯条鱼餐，二十年我没有吃的洋垃圾餐，没想到到这个地方破例。何谓饥不择食，此时此刻的鄙人也。

——2018年7月22日，新西兰但尼丁

晚上找了一家中餐馆暖胃，餐馆就在火车站旁边。街道依然冷清，尤其是晚餐后。酒店附近就是超市，买好这几天的水果、牛奶、面包和新鲜蔬菜沙拉，我自己动手比餐馆健康。当然，也不忘给自己捎上本地红酒一瓶，虽然我对酒精一直不感冒。外面现在下着冬雨，天气预报说明天依然是雨。这不，室内房间里开着暖气，一杯红酒，慢慢品，还真有些暖心。

——2018年7月22日，新西兰但尼丁

唱衰，基本是专业性的，不要总是惯性地把唱衰看成意识形态与政治性防卫和攻击，就像不要一听到批评便本能地上纲上线甚至以敌友画线。这是真正衡量一个国家、民族和社会是否进步、开放、多元和发展的重要标志之一。基层是这样，个人同样如此。软实力不仅在于制度现代化的厚实支撑与坚韧弹性，而且在于与时俱进、兼容并蓄、善于反省的民族精神、制度文化和思想观念。

——2018年7月23日，新西兰但尼丁

查尔姆斯港（Port Chalmers）离市区但尼丁约10公里，一个人坐车跑过去，整个港区周围居民约三千人，有教堂、银行、市政府和海上博物馆，大概就我一个背包客了。爬上山顶，一位静坐在私家车里观人间的本地老人告诉我，这里是以前进港船只的信号杆旗。从山顶眺望四周，可以看出最早登陆的苏格兰人已经把这里建设得具有强烈的大英帝国的社会与文化气息了。

——2018年7月24日，新西兰但尼丁

作为大学人，对大学校园一直情有独钟。奥塔哥大学（Uniuersity of Otago）是新西兰最古老的大学，医科特强，却不是最顶尖大学［奥克兰大学（The University of Auckland）］，也不是最大的大学［梅西大学（Massey University）］，但这里校园的维多利亚风格与旖旎风光，我喜欢。

——2018年7月24日，新西兰但尼丁

从但尼丁早8:30乘巴士，四个多小时抵达300公里外的皇后镇（Queenstown）。巴士里照的沿途风景，左右差异明显。阳光照射的地方，明媚灿烂，背阴的地方则满是寒露与雾气，外面温度最低−2℃。不过，酒店房间外的风光宜人。

——2018年7月25日，新西兰皇后镇

酒店位置很好，坐落在山上，旁邻著名的风光旖旎的瓦卡蒂普（Wakatipu）湖。特别是底层的玻璃透明餐厅，更是赏心悦目。这不，同样的餐厅，黄昏与当下景观，大不相同，以致晚上外面的风景成了室内的映照，当然远处的灯火除外。入住酒店后，便下山进皇后镇。同样是湖畔旁的皇后镇人文历史景观多元，依然保存亮丽独特的南岛欧洲殖民小镇风情。加上上山回酒店，独自溜达三个多小时。早晨7点起床，四小时长途巴士，今天够辛苦。晚上好好犒赏自己：时令淡菜、鱿鱼、虾仁什锦开胃海鲜汤，主食本地蘑菇牛排，梅洛红酒一杯佐餐。心满意足，无限美好。

——2018年7月25日，新西兰皇后镇

今天早餐后，坐车去皇后镇市区，换车去箭镇（Arrowtown）。巴士间隔一小时一班，40分钟车程。那里是早期欧洲人和华人淘金的地方。所以，今天大部分时间参观那里的华人淘金遗址和一流水准的当地博物馆。本想中途换车去另一个地方，但与我一起候车的来自宾州东部的美国老太太善意地告诉我，那里没啥。老太太不喜欢夏天，她是位滑雪爱好者，每年都来皇后镇，已经连续29年了。退休后每次来此小住三个月，对这里四个滑雪场可谓如数家珍。所以，我改变主意，不中途下车，还是改回皇后镇。

快要离开了，特别留恋皇后镇的小镇风格，到处是来自各地的外国人。尤其是此时此地，虽然常年是旅游旺季，但避开学校假期人潮，应该是像我这样的背包客或两三位友人或家人自由行的最佳选择。我在北京平时几乎从不喝啤酒，此时仍然情不自禁地要了一大杯本地产的黑啤酒，坐在外面，呆呆地看人看天。碰巧的是，我邻桌两位在打牌喝啤酒的姑娘是荷兰人，在奥克兰实习几个月。

喝完啤酒后，沿湖畔公园漫步，一路步行到离酒店很远的山顶，再折回酒店。两个晚上的停留远远不够。怀念白天和夜晚都惬意和动感的皇后镇，怀念入住的酒店。已经订好明早6点酒店叫早，8点赶长途巴士去基督城，八个小时的长途，我多年没有如此折腾，但自己没有出息，仍经不住沿途一路的风景诱惑。所以，晚餐自己善待自己，今晚换了主食萝卜糕青豆配主菜本地羊肉。

——2018年7月26日，新西兰皇后镇

从旭日到黄昏，从皇后镇到基督城，今天长驱500公里。沿途观赏雪山与湖水，冬天虽然阳光照耀，但风大刺骨。抵达酒店，一天没有活动，虽然非常疲劳，仍然坚持在酒店周围溜达。晚餐点了松仁沙拉牛短胸骨肉，餐后本地黑啤酒自我放松。

——2018年7月27日，新西兰基督城

基督城号称新西兰第二大城市，人口39万左右，占全国总人口的8%。每到一个城市，按惯例我最先和最想去的地方是当地的大学。坎特伯雷大学（University of Canterbery）是新西兰历史第二悠久的大学，1961年搬入现郊区校园。我兴致勃勃地赶过去，直接奔中心图书馆。图书馆大楼高11层，人文社科图书在9—11层，从11层藏书一排自习桌座位玻璃窗远眺，风景和读书心情应该很宜人。由于是周六，馆内学生自修的不多，但馆内大堂自修座位、独立研讨与小团队的房间等几类设置，如中国和西方大学一样，基本一个模式，以图书馆为中心，以教研为中心，以开放开架自由阅读为关怀。

我心里对图书馆外观有些失望，不过背后看倒非常愉悦。前台两位服务馆员非常礼貌和客气地回答了我许多问题，得知其中最重要的是图书馆前身坐落在市中心，是具有130年历史的艺术中心，我傍晚造访了此地，果然不凡。不过，我抵达时已经关门，仅剩下两位来自捷克的年轻人和他们在艺术中心咖啡厅打工的女友。同一排建筑的右端是核物理之父、诺贝尔化学奖获得者卢瑟福1890—1895年读书的原址。大学本科时读过卢瑟福的传记，我是记得的，特别是关于伦敦每月的薪水。

大学书店，外观虽不起眼，却文化典雅；书籍主要以本科生阅读内容为主，研究专题著作很少，看得出大学的学科强项与教育本科生的重点面向。不过，内部摆设倒令我眼睛一亮。我挑了一本《树之歌》，不是为了纪念，而是内心被主题吸引。

——2018年7月28日，新西兰基督城

从北哈格利公园口（Hagley Park North）出来，问好去博物馆的路。幸运地赶在闭馆前参观了半小时，并买了两件满意的纪念品，其中一件现场便戴上了。博物馆位置很好，坐落在植物园内，紧邻大街，横连基督教学院，直对卢瑟福学习的连排建筑。从博物馆出来后，寻找最古老的座堂广场（Cathedral Square），一路收获最美的晚霞惊喜，而且依然是在同一条艾芬河上沐浴，只是在不同的河段，在不同的时段，在不同的地段。

继续问路途中，请两位年轻学生给我拍照留念。不经意中，一位靓姐贴上来，窃喜。受到感染，另外一位靓姐从另一旁再贴过来，得意。我两手一边一个，不是很多人集体照的疑似孪生姐妹，是另一位美国小妹，这张照片我不小心给误删了，害我伤心了好一段时间。再受感染，好几个人都一起上。拍完，一问，有澳大利亚、美国、德国、比利时的，最后帮拍照的小子说，他们是新西兰的。10秒中的"化学反应"，从此永不相见，感染的是他们自然、透明、热情、奔放与阳光。

最后，抵达座堂广场时，不巧在整修，不过仍在广场和教堂前面留下纪念。出门的时候，只有大学的目标，没有其他。返回时，植物园、公园、博物馆、中心广场，自然而然地走进了日程。明早6：30酒店叫早，早餐后赶机场回奥克兰，赶紧开工干活啦。

——2018年7月30日，新西兰基督城

长期以来，国家和国人总不愿意主动地、预警地、动真格地进行自我革新，总是要等到大难临头才会被迫承认应对问题的严重性。制度文化与活力值得全面总结与深刻反省。

——2018年7月31日，新西兰奥克兰

今天上午从奥克兰飞北帕（Palmerstone North），一是因为我与合作者梅西大学奥克兰校区高级讲师刘良妮（Sally Liu）博士周五早晨有一研究讲座，我初来乍到，提前来此住上两晚，刘博士则周五飞过来；二是北帕是梅西大学三个校区的总部，不来中枢无论如何是失礼的，何况我对北帕很感兴趣。原因有三：其一，北帕的经济与社会生态（果不其然，飞机落地时的生态可见一斑），据说这里居民76%是白人，畜牧业发达，是非常富有的城市，虽然人口才7万左右。其二，梅西大学本部以农学、兽医和飞行学院见长，尤其有特色的是，为避免市内和校园交通拥挤，北帕对梅西大学主校区教职工实行特殊的城市巴士一律免费政策。其三，这里是每年世界大学生运动会火种采集地。

酒店安顿好之后，10分钟不到打车去校园，文学院院长克里·泰勒（Kerry Taylor）博士已经在楼前等候。文学院含文学、语言、哲学、历史、媒体等学科，在一栋年代古老、位置显眼的大楼办公，大楼内每面墙层防震厚实的黑色钢架艺术地支撑固定，令人印象深刻而不突兀。我与泰勒院长投缘，不仅因为他是历史专业出身，而且我们的"化学反应"一开始就很好，之前在北京和奥克兰分校短暂会晤过。泰勒院长花了两个小时带我参观主校区校园和文学院四个楼层，然后到办公室谈研究合作事宜。晚上，泰勒院长骄傲地带他的女伴安娜一道共进晚餐，我按其推荐点了本地的两道特色白鱼菜肴，一大一小，荷兰喜力啤酒一杯佐餐。

——2018年8月1日，新西兰北帕

几天的北帕之行紧凑丰富。无论是风水还是古典意趣，梅西大学本部文学院大楼明显比社会科学院大楼遥遥领先、蕴含丰富。泰勒院长很好客，昨天早餐之后，一个上午带领我在市区转了一圈，参观了当地的科学、艺术与历史博物馆，维多利亚玫瑰园和中心广场。中心广场尤其气派，如同穿越市区的河流。晚上安排与历史系四位老师在印度餐馆餐叙。今天上午文学院讲座，参加的都是学院的老师，包括哲学、文学、语言和历史专业的，尤其印象深刻的是哲学系专业的美国裔年轻副教授骄傲大方地与她白发苍苍的研究批判性思维（critical thinking）的Kiwi（编辑按，Kiwi俚语中指新西兰人）夫君共同出席，其展现的捧场礼节与专业操守，令人感动。下午抵达奥克兰机场时，螺旋桨飞机上用手机照地面景观不错。不过，从机场到酒店住所45公里距离出租车费竟然要135新西兰元，折合100美元以上，也实在贵得离谱。

——2018年8月3日，新西兰奥克兰

闻爱尔兰语言濒危：这是现代与政治的认同困境。除了家与家乡，以及国与国族深入骨髓的根，最明显的应该是语言与文化。对强权压迫的反抗，铸就了不朽的民族英雄、作家和诗人，也留刻下醉人的低吟与心碎的忧伤。这也是我十多年前开会间隙参访都柏林作家纪念馆最深刻的感受。

——2018年8月4日，新西兰奥克兰

塔斯曼海上了无船只踪影，皮哈（Piha）的黑沙海滩热闹却不喧嚣，与中国访学家长孩子们交流，有别样的体验。毛利人曾经集体悲惨记忆的Karekare，如今已是平和安静阳光明媚的生机勃勃。回到住处时，正值夕阳西下，惊鸿美好。

——2018年8月11日，新西兰奥克兰

塞北江南，椰风蕉雨。与友人们一起开心，自己独处不寂寞。

——2018年8月22日，新加坡

有一个时代，有一个群体，无论特殊与否，至少在他们的圈子里都不是特殊的。

他们特定的际遇与共同的心声，不论是否有普遍性，至少在他们的圈子里是有代表性的。而且，那个时代与那个群体，在人类历史上，不同国家与不同时期，都曾经出现过。虽然时代与群体都很特殊，但是在历史脉络里却不陌生。而且，都是一个急剧变动的时代与一个受众广大的群体，无论谁都不能无视，或者装作漠视。

——2018年9月7日，新加坡

傍晚与老朋友新加坡国立大学出版社原社长保罗·克拉托什卡（Paul Kratoska）在咖啡厅聊了两个半小时，一如既往地天马行空，学术、学界与职业生涯话题，尽兴与开心，并获赠该社刚出版的王赓武教授回忆录 Home Is Here（《家园何处是》）。书名意味深长。那么，家在哪里？彼处吗？如是，彼处是哪里？中国吗，澳大利亚吗？童年的印尼，或青春的中国，或人生的足迹，或藏在个人内心角落的精神家园？还有，此处到底何指？真的是当下之地，不是相对于彼处而言？同样，令人遐思。所以，今天值得存念，为与克拉托什卡触及内心深处的高品质的谈话与友谊，也为这本个人很感兴趣的、特别的赠书。

——2018年9月7日，新加坡

是他大法官投票最后一刻反转，要求前提是美国联邦调查局进行为期一周调查后，参院再进行全体投票。"我一辈子都崇敬麦凯恩，没有他我根本不会参与华盛顿的政治活动。他的信念是国家利益高于个人利益，发现你敌人优秀的一面。"早在2017年，弗雷克就已表示不会在2018年中期选举时寻求连任，原因是他不想做特朗普政府的"帮凶"。

——2018年9月30日，新加坡

尤索夫·伊萨东南亚研究院（ISEAS-YUSOF ISHAK INSTITUTE）成立50周年公开讲座，王赓武教授讲题为"Before Southeast Asia:

Passages and Terrains"（在东南亚之前：通路和地形）。二十多年来，从来没有跑去与王赓武先生合影。今天不同，有特殊纪念意义，不过不是为了合影，而是为了致意。88岁的老先生，站着不用讲稿，一气呵成，思路高度清晰而富有条理，一点不显老态和停滞保守。了不起。

——2018年10月3日，新加坡

专业研究中心、海外会所，还是会务培训基地？反正，我目前能确定它不会是专业研究中心。哈哈，胆大、敢干。先贤早就告诫过，内涵式发展与外延式扩张有着本质的差别。反正，我是看不清。

——2018年10月10日，新加坡

每次经过，你的那片绿，总觉得有些特别，虽然是夜晚，也只是夜晚。

——2018年10月17日，新加坡国立大学

不要以庸俗与迁怒之心度测杨振宁的家国情怀。

——2018年10月18日，新加坡

月亮，怎地如此低，这么圆？

——2018年10月21日，新加坡

我欣赏有选择的和有保留的，无论是人际交往还是是否取舍，无论是关怀、开放和亲近，还是分享、合作和宽容。这是因为，我

相信，如果没有选择和保留，或者是无条件的，要么成为没有原则底线的自我迷失，要么是个人利益最大化的功利自私，要么是没有差别、没有标准和不会真正珍惜守护的浮萍飘忽。在这种意义上，我永远欣赏个性，永远欣赏坚守，永远欣赏原则，永远欣赏价值品位与取向。虽然我同时知道，需要弹性、包容和宽容。

——2018年10月27日，新加坡

泰式蒸鱼加青菜，开始时，还自问：一个人吃得完吗？这时候，坚定自信：吃完了，包括鱼汤，外加一碟米饭。成就感与幸福，原来可以如此日常和自我酿造。

——2018年10月28日，新加坡

独自远足归来。圣洁与完美，固然是纯粹的典范；而流浪和放逐，尤其是对个体而言，何尝不是对诗性与纯粹的另外一种任性和刻意的探寻呢？人，永远不会知道自己到底是什么时刻入眠的，只能是徒然的尝试；然而却可以感觉到大致是什么时候睡觉的。这是基本，也是把握。在大街小巷，警察与便衣，可能到处可见，也可以视而不见，但军队却不会是这样的。这同样是基本，更是差别。对异文化一厢情愿的浪漫迷思，甚至嵌入，唯有对主流和本体文化的深刻映照和依托，才会真正融入和跨越。或许这就是东西方对异文化探寻的根本不同所在。回归，不一定要复古；反对，不一定是对立；都是方法和探索。最可怕的是，把形式作为内容，把根本作为手段，把原则作为口号，把专业等同操守，把沉默当作默认。

——2018年10月28日，新加坡

让当下我们的成长与生活，以大众娱乐和文化滋养的方式，丰富着我们的生活，滋养着我们的心灵。写流行歌词的庄奴走了，写武侠小说的金庸也走了。他们都是我们时代与传统对话承接的文化媒介。真正接地气的刻骨铭心的传统和文化脐带也几乎断了。一个特殊的承接的时代已经几乎彻底过去了。

——2018 年 10 月 31 日，新加坡

冬天里，怀念夏季；夏日里，思念冬天。相信规则，相信正念；相信书卷之气，相信自由的灵魂。反面地，不仅是个人底线，同样也是信念：不做小人，更不做坏人；不做旁观者，更不做投机分子；不做伪君子，更不做钻营者。仅为一介书生，这里想念那里。

——2018 年 11 月 3 日，新加坡

大凡大家，都是极尽个性之能事之人，两极分化严重：要么是观音菩萨、大慈大悲，要么是凶神恶煞、爱憎分明。尽管如此，却都是殊途同归的超级可爱：内心意志超级坚定，聪明智慧超级精英，为人处世超级无个性或有个性，学术兴趣超级忘我而自我，都是有超级品味与趣味之人。

——2018 年 11 月 4 日，新加坡

经常有饥饿感，说明运动量大、身体健康、有需求，也意味着匮乏之后的容易满足感。譬如当下的某人。

——2018 年 12 月 8 日，新加坡国立大学

倾听与教诲，都是用心；用心需要主动，需要信仰。1999 年 9

月30日答辩完时，导师最后发言，我是认真倾听的。几天后，还是留了一个心眼，专门写信索要全文；不是为了存念，而是为了倾听。记得当时用的还是磁盘，存档用现在的电脑肯定是无法阅读的。所以，彼时我另外加了一个心眼，立刻打印存档。二十年，一路走来，始终不敢忘记，不敢保守，不敢僵化。今日再次翻阅，依然是一颗初心，青涩感动。

——2018 年 11 月 9 日，新加坡

美国女大法官露丝·金斯伯格（Ruth Ginsburg）如此高龄，仍战斗不息。如此富有尊严又坚定不移的抗争，不是为了自己，而是为了体制信仰与核心价值。美国的基石，从来不要低估。

——2018 年 11 月 10 日，新加坡

在一个普遍浮躁和焦虑的时代，想象着，究竟还要等多久一切才会尘埃落定？尘埃落定后，世界会是什么样的新生态、新气象、新秩序和新价值规则取向？世界各国和人民，尤其是领导精英，那时会不会自觉反省，到底应该如何吸取过去的经验教训？

同样地，中国许多顶尖大学正在向世界一流大学高歌猛进，令人振奋，大学、院系和学者，如果继续把浮华当繁华，把权力当动力，把资历当资格，把圈子当市场，把守成当稳定，把表演当专业，把评比当成果，把荣誉当业绩，把报道当认可，把口号当过程，把教研当名义和包装，想象着，究竟还要等多久这一切才会尘埃落定？尘埃落定之后的中国与世界、中国大学与世界大学超越与差距到底有没有发生改变？尘埃落定的驱动力，到底是受国际大学和专业同行的竞争刺激，还是受国家和人民的期望要

求强制压力驱使，抑或是被学生和家长、中青年学者和下一代无情淘汰？

信仰与担当、公平与公正、创新与进步，从来不是说出来的，不是观望和等待出来的，更不是靠话语垄断包装打造出来的，而是通过市场、时代、历史和广大人民审视锻造出来的。斗转星移、代际更替，混是混不过去的，迟早是会被清算的。

——2018 年 11 月 11 日，新加坡

在尤索夫·伊萨东南亚研究院做了一场闭门的午餐讲座；讲题为 "China's Evolving Policy towards Overseas Chinese，1949—2018：With Special Reference to Southeast Asia"（中国海外华人政策的演变，1949—2018：以东南亚为中心）。当然是从中国学者、东南亚关怀的视角解读。所以，看得出廖建裕教授心里满是不解。不过，学术归学术，这样才真正有意思。主持人是 80 多岁、看起来却只有不到 60 岁的令人迷惑地年轻的达尔吉星（Daljit Singh）先生，小范围出席者包括廖建裕教授、梁康柏（Leon Comber）博士（97 岁高龄，声音洪亮，韩素音第二任丈夫）、美国唐纳德·韦瑟比（Donald Weatherbee）教授伉俪、黎良福（Lye Liang Fook）先生等学者。尤索夫·伊萨东南亚研究院行政主管陈振忠（Tan Chin Tiong）先生也特地过来，事后还用手机自拍合照，玩得比我溜多了，一看就是高手，不愧与良福同为职业外交官出身。傍晚马上换装，在院子里，文静同学给照了一张。算是迟到的存念。

——2018 年 11 月 14 日，新加坡

自力博士是难得的纯粹之人，与他不用经常寒暄，却始终有心

灵的信任，他是一个需要真心和用心呵护的朋友。约上一起午餐，吃客家酿豆腐，叙旧交流。家里和办公室都挂有自力兄的多幅字画，不是附庸风雅，而是为了友人的一份用心，虽然自力兄比我大整15个年轮。

——2018年11月15日，新加坡

晚餐，客家酿豆腐，我的最爱美食之一。窗外是球场，学生与青年的活力、朝气与动感，只能内心羡慕。

——2018年11月17日，新加坡国立大学大学城

特殊地点、特别历史文化的下午茶：登布西路（Dempsey Road）以前是军营，那里的公务员俱乐部（Civil Service Club-Dempsey Clubhouse）我二十年前曾经住过几次，每次一个月到两个半月之间。现在是旅游、文化、古玩、餐饮和地方文化遗产的胜地。著名的印度三美餐馆（Samy's Curry）依然在。上次是三年前朋友在那请吃晚餐。感谢Ben、黎良福和Arielene给了我一个惊喜。

——2018年11月20日，新加坡

达尔吉星已80多岁，一点儿不显老态，开放理解；黎良福始终温和体贴低调；梁康柏虽然97岁，听他说话与看他走路，大不相同，特别是中气足，思路敏捷，心里宽厚大气，一点不像早岁在军队和警察安全部门浸淫多年。明显看得出他对我的善意。昨晚我特地到他办公室对他说几个要点，其中之一是说，若多些日子，我们一定成为很好的忘年交。两次在餐厅吃饭偶遇南洋院博士生小刘，积极可爱。白果红豆热豆花，龙眼黑米甜点，还有娘惹点心，

仍念念不忘一饱口福。

——2018 年 11 月 21 日，新加坡

奇遇与惊喜：Peter 来机场接我，刚刚抵达阿姆斯特丹中央火车站转乘地铁候车时，一对夫妇注意到我，我也觉得她眼熟，没有想到是同学 Margit 博士和她先生。他们刚好来阿姆斯特丹采购。她说，觉得我的声音熟悉，没有想到真的是我。我们二十年没见，算是真正的缘分。1999 年 9 月答辩时，Margit 是另外一副淑女模样。这样的遇见不止一次。1993 年我刚来荷兰留学时，在阿姆斯特丹不期而遇在莱顿大学读书的硕士同学袁冰凌；1994 年 4—5 月，我去伦敦查资料时，在英国国家档案馆偶遇到杨国桢老师和师母；1995年 7—9 月，我再次去英国查资料时，在伦敦华埠巧遇同在阿姆斯特丹的黄智生博士。有意思。晚上与 Peter 一起晚餐畅叙。

——2018 年 12 月 2 日，荷兰阿姆斯特丹

第一个周末，终于可以做一顿像样的晚午餐。老师在海外度假，12 月份都住在老师家里，一贯原则我都是不炒菜，只煮菜。每每荷兰人问我住哪里，我回复后，他们都满脸发自内心的羡慕。这个地方不仅地理位置优越，而且自 17 世纪早期至今的王子运河闻名遐迩。

——2018 年 12 月 8 日，荷兰阿姆斯特丹

风景几乎是游人的，本地人不仅熟视无睹，而且忙于日常与生计。然而，周末与节日不一样，没有里外之分，都是休闲、放飞、探寻、安放和欢乐的共同时刻。今天中午，天刚刚放晴，窗外景

色宜人。运河与街道纵横交错，电车、自行车、游艇，还有行人，川流不息。置身于阿姆斯特丹市中心，如果是第一次造访，到处都是运河、桥梁与街道编织的迷宫。我也不会是例外，例外的是本地人。

——2018 年 12 月 9 日，荷兰阿姆斯特丹

晚 6 点，朋友约海城酒楼晚餐，经过附近的水坝广场（Dam Square），人群密集，一些警察如临大敌。还以为是荷兰版"黄背心"运动，一问警察，被告知：在进行足球运动。

——2018 年 12 月 13 日，荷兰阿姆斯特丹

本来回阿姆斯特丹与 Jose 的第一个餐约是上周二，由于莱顿的事务，推迟到今晚。在阿姆斯特丹大学的阿姆斯特丹社会科学研究院（ASSR），Jose 从助理经理到经理，再到执行董事，前后三十年，这个学院今日已成为欧洲仅次于剑桥、牛津之后排名第三的社会科学研究院（AISSR），Jose 可谓功不可没。难怪大学在她 9 月份离职时特地授予她杰出服务奖章，500 位职员、150 位注册博士生专门自发组织乐队为她歌唱。Jose 依然漂亮、真诚。我与她是同龄人，一直是好朋友。她很有心，特地准备了研究院标志的笔记本和笔，说海明威便是如此记下重要笔记的。

——2018 年 12 月 13 日，荷兰阿姆斯特丹

初雪。周日早晨很晚起来，进浴室洗澡，窗外突然出现白雪。连澡都不洗了，下楼拍几张只能是窗外的雪景。记得上一次的大雪是 1998 年圣诞之时。那时的雪非常大、非常深，深厚得让我走

在雪路上时，一边思考着论文的导论写作，一边不时地想：来年的我，会在哪里？ 所以，印象深刻。这次的雪却是圣诞前的初雪，也是浅雪，却整齐得令人不敢出门践踏，宁愿在室内静静地看雪。

——2018 年 12 月 16 日，荷兰阿姆斯特丹

水坝广场周日晚上没有活动，人不多，主要是游人；小雨后清新宜人，很有节日气氛。我一直很喜欢的是走在许多小石块铺就的广场地面上的感觉。石块虽小，却坚实、厚重、精致，富有历史与文化感，走在上面，感觉真的很好。厦大校园主要路面的石板很大，也很厚实。走在水坝广场小石块地面上的感觉，与走在厦大校园大块石板铺就的路面上的感觉，竟然一样地好。

——2018 年 12 月 17 日，荷兰阿姆斯特丹

刚刚与奥托·范·登·穆伊森伯格（Otto van den Muijzenburg）教授午餐归来，三小时餐叙，学术、人生与世事。80 岁了，一位孙子已 26 岁，他仍然精力充沛，认真和真诚，并且满满富有同情心与同理心，让我不停地暗想，我如果到那把年纪，会不会也如此？只能满心羡慕。除了感恩外，答辩后，他在大街上对我说的最清晰的一句话是：你的学科背景与论文固然是历史学，在作为社会科学家的他的眼里，却完完全全是一篇社会学的博士论文。

——2018 年 12 月 18 日，荷兰阿姆斯特丹

Wendie 和 David 夫妇，一位是语言与翻译学者，一位是人工智能学者；前者热情随和，后者内向却敏于心、人和事。他们都不是

荷兰人，却都生活在这里；四十年的婚姻，一对儿女都长大成人，更了不起。我们仅一面之缘，他们作为老师的好街坊，信任体贴好客，特意今晚邀请我去他们家做客。典型的荷兰式"素餐"，却很特别。除了黑米饭是Wendie操刀外，全部出自David的心思，花了一个下午的时间。鱼汤和撕碎的蒜汁面包；蒸鱼肉，去鱼骨后配上David自制的果酱，西红柿做得如此精致，非常了不起。荷兰、挪威和西班牙三种奶酪，配红酒，我现在也可以接受了。记得当初花了整整两年时间我才愿意尝试荷兰奶酪，然后慢慢习惯和接受。一位加拿大人，一位英国人，一位中国人，因为澳大利亚人老师的关系，一起度过一个真诚而愉快的跨文化的美好夜晚。有共同的信任基础，有各自辨人识事的信任判断，也有共同的开放善意个性。感恩与难得。

——2018年12月19日，荷兰阿姆斯特丹

今晚Leo接我去他家做客，他是我来阿姆斯特丹大学第一个见到的荷兰学者，也是我当初第一次被请到荷兰人家做客的主人。他真是大好人，对中国学者特别友善，所以，今晚我专门向他当面指出这两点，真诚感恩。

本来上周四约好晚餐，但当天他孙女出生，喜悦与忙碌，真正毫无掩饰地溢于言表，也必须顺延我们的餐约。一路上，受他初为祖父的喜悦感染，我总结指出三点关于生命与生活的意义和感受：其一，作为祖父的快乐，是对生命与血脉延续的由衷喜悦；其二，成为祖父，对退休生活的二老世界，重新回到温暖热闹家庭天伦之乐的由衷喜悦；其三，成为祖父的喜悦是隔代的，经历人生大半辈子，没有父母工作生活和养育的压力和辛苦，是无条件的、满满的

爱心传递和指望，是对人生的另外一种美好现实境界的由衷喜悦。

依传统，一起先品尝涂上果酱和玫瑰色糖豆的特别点心（男孩的是蓝色糖豆）。晚餐，蔬菜罗宋汤、煮胡萝卜、鱼肉、蔬菜沙拉和米饭。米饭，可不只是专门为我准备的，不少荷兰人平常也吃米饭，虽然不是很多。一顿很温馨的、很特别的圣诞前晚餐。只是回去的路上，雨虽小，风却很大，把我刚买的一把10欧元的雨伞吹得底朝天，害我心疼了好一阵子，到现在还没有缓过劲来。

——2018年12月22日，荷兰阿姆斯特丹

KITLV（荷兰皇家东南亚加勒比研究所）完全自己办的圣诞晚餐。40多人的聚会，四道菜：特色什锦沙拉，特色素汤，土豆牛肉西红柿主食，冰淇淋调香槟加甜点酸奶草莓布丁。主厨是一位研究印尼的教授，助手是三位莱顿大学的毕业实习生。可贵的是，该教授19年来一直都在为KITLV圣诞派对做主厨。更可贵的是，他下厨时那么开心投入享受。聚会开始时，研究所所长亨克·舒尔特·诺德霍尔特（Henk Schulte Nordholt）告诉我，KITLV（1851年创立）自己办的圣诞会餐是莱顿大学最棒的，也是世界上最棒的。我以为是吹牛，经历后，服了。

——2018年12月23日，荷兰莱顿

昨晚与一位二十年未见的老同学在一家法式餐馆餐叙。如果不是对品质与品牌的信任，自己是万万不会第一次尝试生蚝加半个柠檬，更不会一个人独自干掉六只的。记得多年前在日本，生鱼片虽然一直是自己最爱，但从来没有想过吃生虾。一次朋友带我去一家餐馆，特地建议一试，出于同样的对品牌与品质的信赖，

配以日式佐料，果然鲜美无比。有些特别的东西，只有在特定时间和特定地点，才能品味出真正的原汁原味，不是随时随地都能如此的。

——2018 年 12 月 27 日，荷兰阿姆斯特丹

下周我就搬往莱顿了，今天中午再次与 Jose 吃饭，然后她带我再次回研究院大楼留念，还要求把她自行车捎上。Jose 今天特地给我带了一本我们共同的朋友 Mario 教授的《人类学家手记》。记得 2015 年 12 月我在台湾中山大学社会学系客座时，Jose 第一时间给我写信，说 Mario 刚刚走了，非常震惊，他离六十还差几年呢。这本书是 Mario 得知他患喉癌绝症后到离开前，一年内完成的，主要写家人、同事、研究对象等。能在离开前正式面世，算是他告别亲人、朋友、同事和这个世界的特别方式，这本书也是将要陪伴我一段时日的伙伴。

——2018 年 12 月 30 日，荷兰阿姆斯特丹

游思与随想四

有朋自远方来，这碗面是如此做成的：今天从阿姆斯特丹搬到莱顿入住，立马采购，老师亲自下厨，在剑桥大学读博士的新加坡籍北大校友健康同学是我的一个客人，也用心做了鸡肉什锦蔬菜汤面（用西红柿、胡萝卜、紫洋葱、小黄瓜等）。绿色营养，健康缘分。大木碗可是我一见钟情的，决定买下来，用完后准备带回去。餐后与健康同学品尝用荷兰传统糕点配红酒与白葡萄。

——2019年1月3日，荷兰莱顿

节后的街头，惊鸿之间，是你突然闯入我的风景，还是原来我一直就在那里静候你的到来？

——2019年1月4日，荷兰莱顿

今天阿姆斯特丹天气很好，与老师在海城喝港式午茶。上一次短暂见面是整十年前在新加坡。

——2019年1月10日，荷兰阿姆斯特丹

如果漂泊是以逃避与谋生为全部内容，如果文学是以抗争诉求与生命透支为日程终结，那么漂泊文人和漂泊文学给人们以激情震

撼冲击的同时，更多的是悲剧性的胃酸与感慨。这与主流社会主流群体的浪漫、冒险与智识性的漂泊书写境况，有天壤之别，因为后者不是弱势，是以一种主流精英式的社会关怀，而不是拼命式，去表达抗争与诉求的。看到黄锦树教授如南洋餐茶室或巴刹大叔地道模样，不由自主地泛起莫名的胃酸。

——2019 年 1 月 31 日，荷兰莱顿

Margit 同学家晚餐：从阿姆斯特丹老师家出来，赶火车到乌特勒支，再转车到 Margit 同学家晚餐。她在荷兰一所世界顶级农业大学任教。她自己在家做饭，打发闺女和先生来车站接我们。读书时，我们曾在她家做客住过一晚。我这次第一天抵达阿姆斯特丹，出火车站转地铁，在站台巧遇她和先生来阿姆斯特丹购物。二十年未见竟然以如此方式相见，只能说是缘分。惊奇的是，她二十年几乎未变，了不起的生活掌控能力。认真而真诚的朋友始终是好朋友，无论多长时间未寒暄，都依然如此。不用说她先生的态度，从第一次在车站站台等候我们的她闺女自然散发的热情中即可感受到。晚上回到莱顿时，已经很晚了。眨眼是这里除夕的子夜。一整天的开心，温暖祝福。

——2019 年 2 月 4 日，荷兰莱顿

刚从机场回莱顿，天下着细雨。二十年来，我几乎不碰炸薯条，回来的大街边看到摆设的各式土豆诱人，进入店中，一个人要了刚出锅的炸薯条。

——2019 年 2 月 10 日，荷兰莱顿

今天中午，与阿姆斯特丹社会科学研究院我办公室的邻居Marienke同学在莱顿大学植物园咖啡厅共进午餐（特别声明：可不是晚餐）。除了同在我访问的皇家科学院KITLV任职外，Marieke博士刚被擢升为莱顿大学"档案学与后殖民主义研究"讲席教授，非常了不起。她问我要点啥，我点了三文鱼和黑面包。这不，很实在，满满一大盘。可能荷兰人对其民族餐饮一贯不自信，再问我，感觉如何？答曰：如果是1993年9月刚抵达时吃同样的食物，我肯定会反胃；如今已经认同了，虽然只有在社交时才如此吃。不过，这与日本的生鱼片是不一样的，那可是我的最爱之一。

——2019年2月14日，荷兰莱顿

要离开了，中午与邀请我访问的KITLV所长亨克教授告别餐叙，依然是他们最喜欢的附近大学植物园餐厅，依然是最喜欢的三文鱼裹黑面包和绿色蔬菜汤，当然我是咖啡除外。当他告诉我接任他的下一任KITLV所长人选时，我立刻说，这是KITLV所做的最富有战略眼光的决定之一。饭后去办事的路上，刚好小学生放学，看到一群朝气蓬勃、富有动感的少年像风一样飘过，心里顿时为之一亮。

——2019年2月22日，荷兰莱顿

下午4点与威廉·冯·申德尔（Willem van Schendel）教授约好茶叙，在阿姆斯特丹中央站Meet At Piano见面。他给了我一个惊喜，太太也来了，本来说她今天是要照看两个孙子的。然后，到外面的访客中心餐馆茶叙。威廉参加过我的博士论文答辩委员会，是历史学家与人类学家，专攻孟加拉国研究。詹姆斯·斯科特（James Scott）著名的东南亚高地地区无政府主义历史专著中的著名的"赞米亚"论述，最先主要是基于威廉教授的一篇论文创意。他也是世界著名的印度与印尼劳工移民社会学家扬·布雷曼（Jan Breman）教授的高足。不要误会他手里拿着手机是坏毛病和不专注，因为谈到我小子学习时，他在帮我拍资料呢。他们夫妇俩都是具有深刻社会关怀和良好生活方式的人，都已经退休四年了，看模样气色就知道生活和心态可是不一般的积极、健康和正面。

——2019 年 2 月 24 日，荷兰阿姆斯特丹

洗礼与感恩，水坝广场很热闹。今天中午来阿姆斯特丹主要是与博士导师再次餐叙。我们再次选在了海城大酒店，预订时海城老板安排了同样的位置，很好的桌席。像我中学时班主任雷金来老师、大学时班主任王荣国老师、硕士导师孙福生老师、马来西亚谢文庆（Cheah Boon Kheng）老师，以及加入北大的周南京老师一样，她是对我人生具有非凡知遇之恩与终身教育之恩的人（当然还有许多人）。非常开心，老师身体不错，很健谈，我们这次能够谈很多人和事，当然是专业学界的人和事。

——2019 年 2 月 24 日，荷兰阿姆斯特丹

今天中午与 Tom 餐叙，他带我吃意大利餐。他的朗诵比 BBC（英国广播公司）还要地道，整个身体语言时刻散透着激情、关怀与纯粹。

——2019 年 2 月 25 日，荷兰莱顿

春天的花突然开了，今天是我最后一天来研究所。中午与David餐叙，他是KITLV年轻有为的骨干人才。下午4:30与Ton博士最后一刻茶叙见面。昨天一早突然收到他的邮件，说通过包乐史教授的学生得知我来了莱顿。他十二年前访问北大，是我接待的，也是包乐史介绍的。他以为我刚来呢，得知我只剩最后一天行程，还是从一百公里外荷兰东部、靠近德国边境的阿纳姆（Arnhem）赶来见了一面。他说昨天向很多朋友分享了照片。退休后，他和太太每周六来回骑车四小时去德国买菜，顺便锻炼。Ton五年前已经退休，现已年届七十，依然未变多少，一眼便知心态特好，一位少有的真正善良、纯粹和友好的17世纪古荷兰语教授。倒是73岁的包乐史教授变化不少，不过依然非常健康。

——2019年2月28日，荷兰莱顿

Peter来机场送行，有始有终，做得比我好。

——2019年2月28日，荷兰阿姆斯特丹

一个人的简餐与一桌人的大餐的差别：两者都是只有在特定的场合才会如此，而不是日常。好久没有自己下厨做西餐了，但相信自己还是够格的。

——2019年3月2日，北京

由衷钦佩近几十年来没有在金钱、权力与物欲横流面前迷失，而始终能够保持自我定力、富有生活品位与价值关怀的人们。

——2019年3月8日，北京

我心里永远向能守住原则底线和坚持专业操守的人们致敬。虽然有点寂寞，但远比浮华功利与粗制滥造心安理得得多。

——2019年3月16日，北京

淡而不俗，油而不腻，不只是简单。

——2019年3月19日，北京

点缀，不是复古，是恰到好处。话语权，是脑袋，不是屁股；是思想，不是版面；是专论，不是空谈；是专业，不是政治；是受众的认可，而非机构赋予；更不是自言自语，甚至垄断。新时代的最根本性差异。

——2019年3月20日，北大农园

纬度与维度，唯彼时，唯此地；梧桐风雨，芙蓉涟漪；也是春天，又见棕榈；也是傍晚，一样的树下。

——2019年3月28—29日，厦大芙蓉园

做作与自然之间，可不是一般性的差别，如同炒作与内涵、仿制与原创之间一样。

——2019年4月7日，北大未名湖

成长都是自我的，成熟都是社会的，成才总是富有鲜明个性的，是自我的与社会的彼此丰富暨相互融合的。

——2019年4月9日，北大燕园

不是为了马路，不是为了树干，不是为了车水马龙，更不是为了个人一时的感慨：学者与艺人，唯有正常与健全，唯有境界与高度，唯有融入血肉与个性，唯有理性与关怀，唯有穿越与超越，唯有依托生活、社会与自然，其思想、评论与艺术，如同学术与人格一样，才会发光、闪耀和出类拔萃，才会富有哲理，才会富有美感和冲击力。

——2019 年 4 月 10 日，北京大学

我妈妈是文盲，却如天下所有妈妈一样善良而伟大。三岁多父亲去世后，妈妈一直是我们六个兄弟姐妹的天，虽然在贫瘠的乡下同时背负着沉重地主的成分。整理三十年前研究生札记，发现了一封自己写给妈妈的信。大学时，我很少回家。当年岁末，我又留校没有回家过年。信很特别，当然没有发出；妈妈也一直不知道，也永远不会知道了。欣慰的是，老人晚年一直很幸福，2016 年 89 岁时依然非常清醒，然后才依依不舍地离开了我们。

——2019 年 4 月 14 日，北京

昨夜晚风摩挲着树叶，年轻的学者自己都心如明镜。有年轻的学者，知识才是新鲜的和时代的；倘若他们是机构的主体，机构才会永远生机勃勃、充满活力。没有保守的代际与学科偏见，才是公平公正、开放创新的制度文化环境的真正根本。年轻就是好。

——2019 年 4 月 15 日，北京

昨夜，桃花盛开。是因为此时此刻的夜色，你们才如此妩媚任性而熠熠生辉；还是因为不再有所顾忌的妩媚娇艳，而令此时此刻

的夜色，显得特别宁静迷人。

——2019年4月16日，北京五道口

寻找内涵：不要有钱之后，只会拼命开徒有虚名的会议；不要有钱之后，只会使劲翻译介绍引进；不要有钱之后，只会反复掏钱重印再印和翻译推销；不要有钱之后，只会马不停蹄走马观花。

——2019年4月17日，北大燕园

大学时，我几乎从来不记笔记，或者很少记；但也有例外，不是上课时记，只是自己图书馆读书时记。1989年我的读书笔记，刚刚发现，算是惊喜。不是谄媚，只是巧合，更是记忆和青春求知。我在厦大读书教书九年，去国那么久，搬了那么多次家，仅留下当年几本皱巴巴的读书笔记。

——2019年4月19日，北京

谷雨之夜，期待天明。

——2019年4月20日，北京

成长的档案：学生时代，在图书馆，每每读到一本好书，总会情不自禁地写下自己的感受，然后自我保存。

——2019年4月21日，北大燕园

今天是老师生日，祝老师生日快乐，健康长寿！记得去年的今天，上课前中午我在北大操场散步时，一直想着给老师打电话祝贺生日，但又怕他在午休，打扰了。所以，没有打电话。没有想到，事后居然忙忘了，第一次没有电话祝贺，心里后悔不已。今日晚上未名湖上课途中，风景很好，祝福老师健康长寿！祝福老师生日快乐！

——2019年4月26日，北大未名湖

我这辈子对自己发了至少三次誓言：第一次是1991年7月毕业留校后，发誓不再写诗，几乎一直坚持三十年到现在。第二次是1995年元旦抵达阿姆斯特丹一年半后彻底戒烟（八九年烟龄），当时我刚获知得到荷兰国家科学研究基金会博士研究资助，特地花5.5荷兰盾买了一包骆驼牌香烟，自己抽一支作为仪式，其余送人。此誓言不折不扣一直保持到今天，不碰一支烟。第三次是1995年7月1日我第二次赴伦敦3个月收集资料期间，知道非常有挑战性，尤其是我此后一个人要在好几个国家做长达两年的田野调查（我以前误认为是我第一次5个星期伦敦调研期间），所以，抵达伦敦安顿后第三天起，便坚持每天跑步锻炼，健身习惯一直保持到今天。有师友问为啥发誓不写诗，我现在大概有些清楚了。从学生到社会，从青春到成年，生命成长过程中的骚动和挣扎、经历与自觉、释放与反思，回过头看是很有意思的。庆幸自己，没有迷失，更没有心灵扭曲。

——2019年4月29日，北大燕园

联想，源于自然；自然地生成，不是联想。

——2019年5月16日，北大燕园

姹紫嫣红，尽管灰蒙中；苦涩甜蜜，因为心怀美好。

——2019年5月17日，北大未名湖

两南山，桃花源，难得的中心书院；陈寅恪、朱熹、周敦颐，真的好地方。九江学院院子里竟然藏着这么一个世外桃源般的庐山文化研究中心。

——2019 年 5 月 22 日，江西九江

为什么美好的事物，都只在瞬间；为什么闪亮的东西，也只在某个特定的时刻；为什么雨后清新郁郁葱葱，你却独自悲伤；为什么同样的自然、同样的时间里是截然相反的感受；为什么同样的人们，在不同的空间里，会如此迥然不同地相互纠结？

——2019 年 5 月 25 日，安徽宿松

如果天气好，景色便变好，心情就没有不好；逆命题同理。

——2019 年 5 月 29 日，北大未名湖

朋友与家庭、宽恕、给予和感恩是幸福之源！像儿童永远健康成长快乐，像"六一"一样阳光灿烂！

——2019 年 6 月 1 日，北大燕园

夏蝉：晚上的绿叶，天上的彩云。

——2019 年 6 月 10 日，北京

人生是许许多多看不见的考试。

——2019 年 6 月 11 日，北大燕园

生命的重要旅程都是伴随着仪式感的。

——2019年6月17日，北京

校园的操场，一直是我的最爱之一。

——2019年6月19日，南京国际关系学院

佛与禅，茁壮与和谐。

——2019年6月21日，南京

每到一个新地方，第一件事是买一把大伞，外出必随身，防雨兼打狗，遑论早晚走路健身。

——2019年7月3日，马来西亚吉隆坡

囚禁的风景，行走的江湖。

——2019年7月4日，马来亚大学

今晚与师母餐叙，自老师四年前离开后，她一直很坚强，与她一起吃饭总是感到很温馨。老师谢文庆一直与我情同父子，虽然他是一流的东南亚历史学家，但自我们认识以来，我与他从来不谈学术，仅谈学界人事与政治社会。去年我与阿姆斯特丹的老师希瑟·萨泽兰（Heather Sutherland）一次餐叙提起此事时，她立马说，这实际上就是学问本身的重要组成部分，令我会意和吃惊的深刻。

——2019年7月6日，马来西亚吉隆坡

是不是有点太大胆了，大下午的，这么多猴子竟然如此大胆，

翻窗长驱直入办公楼楼梯口。嬉戏还是逃难，入侵或是占领？是朋友，好说话；不是朋友，永远是口水。

——2019 年 7 月 9 日，马来亚大学

没有经历由简至繁，无法做到由繁至简。

——2019 年 7 月 10 日，马来亚大学

阳光与阴影，清晨或是傍晚？

——2019 年 7 月 12 日，马来西亚吉隆坡

资本与权力，可以短暂地霸凌和控制学界，但最终的局面应该是三者始终彼此恰当定位与合理共享资源。如果资本或公权力，企图越界，另起炉灶，代替大学或专业研究机关分内之事，尽管暂时可以出尽操纵舆论和媒体表演风头，最终却会弄巧成拙、贻笑大方，不仅很快彻底暴露背后的工具性目的，而且弄错了方向，难以为继。

——2019 年 7 月 13 日，马来西亚吉隆坡

纯粹与专业操守，本来应该是机构的规范和职业的文化；当机构塌方与职业集体失范时，剩下的便只有个人的修养和坚守了。

——2019 年 7 月 13 日，马来西亚吉隆坡

耀眼的东西，总是酝酿好久，却转眼即逝。所以，瞬间往往凝固为永恒，然而始终不能成为常态。低调，如果是品性，应该称为内敛；如果是刻意，应该是讲政治，大政治或个人政治。高调，如

果是自然纯粹，是谓性情中人；如果是刻意，往往是表里不一的工具策略，或挂羊头卖狗肉的招摇过市。

——2019年7月14日，马来西亚吉隆坡

当处于无法选择与无法改变的时候，人只有适应环境。开始时，或许会有抵触，慢慢地就接受了。如果是短期与冒险，那是文化体验与多元经历。如果日久天长、年复一年，那不仅是适应与改变，更是价值取向、人生和命运。任何维度的节点与选择，想必都是如此。

——2019年7月15日，马来西亚吉隆坡

没有人烟的地方，固然是自然生态的极致，却也无人文的气息和历史的温度，更无旺盛的生命与动感的社会所呈现的勃勃生机。

——2019年7月17日，马来西亚吉隆坡

正念的沉淀和坚守，伴随着希望与信心，践行于日常作息、饮食与文化体育活动中，确立一个可行的目标，如此周而复始，坚持下去，循环往复，是谓修炼与路径，也是改变与性格。

——2019年7月22日，马来西亚吉隆坡

大学的情结，山野的性情。所以，住校园；所以，大清早爬山。来回约8公里，是本山最高峰，却不是本岛最高山。

——2019年7月30日，泰国普吉岛

我在很多不同地方、不同季节和不同时段看海，更喜欢在人少

的时候看海。飞机晚点，刚好多点时间去海边看看，原希望多点时间发呆、阅读、泡茶和谈天。感谢小何老师、玉珍老师和她老公Yang Yang 的协助。普吉很好，一直是我研究的兴奋点。

——2019 年 7 月 31 日，泰国普吉岛

世间的人和事，很多时候是需要脾气和坚守的，这是标准，也叫原则。傲气与傲骨，虽然是一对孪生兄弟，却不可同日而语。傲气，很多时候都洋溢着才情，渗透着霸气，是有底气的；傲骨，则主要是品性价值维度，任何人都可以有的，如果能够坚守，是有风骨的。谦虚与谦和，同理同情也。谦虚，有时候难说不是刻意的和工具性的，是审视自己与内外情势之后的判断和策略；谦和，更与品性关联，那是从里到外的自然流露，如同生命的沉淀与底蕴规定的性格。

——2019 年 8 月 1 日，马来西亚吉隆坡

很多时候，人是经常需要自我激励与正能量的自我暗示的："当跑步的节奏紧紧抓住了我，我就跑在了欢乐的原野上。"

——2019 年 8 月 4 日，马来西亚吉隆坡

所有的收获都需要培育和周期，除非机械与激素速成；所有的超人都是厚积薄发，除非注水与透支将来；所有的专业和机构都讲究规则程序审视；所有的德行与正能量都靠内在的修养和正念；所有的正面一定有反面，只是因消化、释放的方式不同而正负能不同。所有的生命都有周期，起落的周期、四季的变换与昼夜阴晴的交替一起律动。平常永远是基本，正常永远是基础，健

全永远是基石，自律和反省、开放与包容、进取与养护，永远是内在的精气神。

　　　　　　　　　　　——2019 年 8 月 6 日，马来西亚吉隆坡

　　独自出远门，随身带一把伞或一根棍子，永远没错。做好自己，虽然有时候难免寂寞，却始终不会被误导和迷失。

　　　　　　　　　　　——2019 年 8 月 8 日，马来西亚吉隆坡

　　想象着另外的、同样真实的一面，不是假设：山洪突然汹涌而下席卷一切的情景；长发在大风扇之前突然飘散，甚至被卷入风扇里面的场景；湖面当年华人洗锡矿的辛苦劳作的场面，几十年前橡胶园经济的历史；特别是华人陈平领导马共游击队出没热带丛林、缺衣少食、瘴气毒虫横行的刻骨铭心；紧急状态时期华人新村的集中管制的乡村生活。

　　　　　　　　　　　——2019 年 8 月 10 日，马来西亚雪兰莪

　　中午与 Wei Leng 教授餐叙，让我有机会请她吃个便饭（a simple lunch treat），也是我第一次与她合影留念（在海外行走经年，我欠了很多人的温暖，熟悉与不熟悉的）。我与 Wei Leng 自 1996 年上半年在国家档案馆认识，以后经常到她在马大历史系的办公室，或餐叙或聊天。她是槟城富二代，绝不是一般的富裕，生活却依然简单和朴素，由衷钦佩。我出生的第二年，Wei Leng 就入剑桥读大学，1969 年再负笈美国塔夫茨大学读国际关系专业研究生。当年田野，我还搭乘她家的车长途五六个小时穿行过南北大道从槟城返回吉隆坡。今天，她特地带给我一本书，回去好好拜读。生活是

多维度的，不只一个好的向度，乐观坦然面对才是基本。

——2019年8月23日，马来西亚吉隆坡

完成任务后，今天下午终于可以再来阿赖马六甲海峡边上美丽的生态渔村待一晚了。阿赖家的一棵又粗又大的杧果树是他家的风水、全村的风景。刚抵达，在六十年的老杧果树下喝茶，吃杧果、红毛丹、有机香蕉、莲心果、木薯糕、芋头糕，感觉很好。杧果掉下来，被摔坏的给切除了，剩余的才是最好吃的。最好的还是阿赖的父母的温暖与诚信。两年前我在这里晚上的泡茶聊天，不是一般的开心。

——2019年8月26日，马来西亚

森州的芙蓉市豆花与潮州芽菜滑鸡饭。阿赖说，这是全马最好吃的鸡饭，天价，200马币，老板就是有个性，不降价，依然门庭若市。鸡是水晶鸡，从辣椒酱、鸡汤、芽菜、饭到滑鸡，几道工序上菜，一点不含糊。中午12:30才准时开张，为了这顿鸡饭，在芙蓉等了一个小时。记得1996年3月第一次在槟城吃瓦煲香肠鸡蛋鸡饭，非常香辣。以后在新加坡国立大学毕业生俱乐部吃海南鸡饭，配辣椒酱，也很讲究。这次的潮州滑鸡饭，算是另外一次特别经历。我一般不吃鸡的。

——2019年8月27日，马来西亚芙蓉

政治正确。窃以为，大致有如下政治正确。其一，与攀附投机迎合式御用依附关联的政治正确。其二，与真理、时代、世界和人类发展大势以及国家人民的根本利益契合的政治正确。其三，与部

门、基层、大佬捆绑式的现实利益相结合的政治正确。其四，与专业操守、个人价值尺度的专业暨人格相对应的政治正确。纯个人观察，勿对号入座。

——2019年8月31日，北京

昨天下午在银河酒店换乘，还未抵达校园，一个最自发与强烈的念头是：此间大学的唯一出路应该在于国际化，依托内地和亚洲生源腹地的国际化，高水准的、多元的、非形式的、有活力动感的国际化。不是臆想，而是有根有据的直感。

——2019年9月2日，澳门

在一个热闹喧嚣、急剧转型和不确定的时代，做一个能够抵住诱惑、守住内心定力和坚持专业操守的学人，应该是很有考验性的事。大浪淘沙，退潮的时候也是褪色的时候，繁华褪尽，几乎不留痕迹。这里，境界、眼界和标准，差别太大了。

——2019年9月6日，澳门

喜欢所有校园的操场，喜欢这种充满青春活力的感觉。

——2019年9月11日，澳门大学

周末、节日和假日，如同祭祀与鸟类季节迁徙，人流已经先开始了。

——2019年9月12日，拱北海关

这么年事已高的老教授（90岁），还不让他在家安度晚年，如此公开折腾他，不人道啊。

——2019年9月14日，澳门

文化，大学里，除了作为底蕴的学科基础和作为素养的个人修为外，应该主要指的是校园文化与院系制度传统。然而，如果大学里很多学者，尤其是掌握话语权的大佬，把文化与学术混为一谈，甚至把文化霸权凌驾于专业学术追求并使之成为大学里专业规则或潜规则的气候，成为专业学术话语权的工具手段，问题可就大了。那样，这所大学绝不能称为研究型大学，无论怎样自我标榜或自导自演，最多也就为本科典范教学型大学了。这是两个不同方面，不能顾此失彼，只有相得益彰。

——2019年9月21日，澳门

出汗：今晚大学操场比较热闹，令人兴奋。

——2019年9月24日，澳门

如果当下中国人文社会科学学者成为类似讲习所、宣讲团、剧院、神庙、嘉年华，甚至招租寻租的江湖权力掮客等角色，官商学不分，那么，这是与国家治理体系与治理能力现代化的时代大势严重背离的，社会发展也必将很快失去动力与竞争力。

——2019年9月25日，澳门

大学的水，校园的河，南国的夜；行走的人，驿动的心；没有月光的夜晚，只有行走的脚步声。

——2019年9月25日，澳门

一周前在校园里偶遇胡伟星教授，他两月前从港大加盟澳大，任社会科学院院长。四年前我们一起在新加坡国立大学客座，由于访问学人是住 Kent Vale Residence（肯特谷宿舍）酒店式公寓，含自助早餐，我们几个月里的早晨几乎天天相见。今天中午约好与伟星教授在其办公室再次相见并餐叙，开心。前几天晚上，在校园餐厅里碰到一位吴教授，他站在我后边排队叫餐，看模样，我问他是否以前在莱顿大学教过书，他说是的。我当即说，我们二十年前见过，世界很小。

——2019 年 9 月 26 日，澳门大学

仪式总是需要特定的时间与特定的地点，晚上依然到操场跑了几圈，算是我不服老的姿态。

——2019 年 9 月 27 日，澳门大学

刘心武："其实正是冰心教会了我，在这个世道里，坚决捍卫自我尊严该是多么重要。"文章是年轮，也是时代；有的越老越耐看，有的则刚好相反；有的是鲜明的时代烙印，有的则超越了时代的局限。这是根本性的差别。冰心的文章耐看，就在这里。

——2019 年 9 月 28 日，珠海机场

几十年后，以如此方式在长途旅行中再读艾略特，与当年青春年少时在图书馆里阅读，感觉肯定是不一样的。闭关写作，远离喧嚣，赶上下一个截稿期限（deadline）——*The Cambridge History of Global Migrations*（《剑桥全球移民史》）中我承担的部分。

——2019 年 10 月 1 日，首都国际机场

人的境界在心灵和精神，单位的境界看厨房和厕所。当初克里·泰勒对我说，人文楼是全校最有品位、有人文历史的底蕴的，我以为他是学校领导，理所当然骄傲。如今越发觉得这还真不是吹牛。这里学院的食品储藏室真的值得点赞。

——2019 年 10 月 15 日，新西兰北帕

原题本是讽刺移民同化的笼子，有感而发：年轻时受苦，是挫折和成长；中年时受苦，是历练和修行；老年时受苦，是受难和受罪。若死后广受诟病，一定是在世时职业操守严重失范，无论当时多么风光和得意。

——2019 年 10 月 19 日，新西兰北帕

昨天中午大马阿赖替我取了叶宝心先生的墨宝。阿赖说，宝心兄特地用心书写了两张，真是令人感动。我与南洋，日久天长，彼此会心。

——2019 年 10 月 19 日，新西兰北帕

雨后不必马上天晴，对比不必总是伤害。

——2019 年 10 月 24 日，新西兰北帕

有人的地方，才会有烟火与生机。

——2019 年 10 月 25 日，新西兰北帕

今天天气很好，给自己住处吸了尘。其实，吸尘更是一种心理

与精神的清洁，事后感觉好，大致应该在于此吧。

——2019 年 10 月 29 日，新西兰北帕

如果天空竟能如此一尘不染，如果大地竟能如此生机盎然。

——2019 年 10 月 31 日，新西兰北帕

有历史与情怀担当的人，才是大家；否则，其学问再好，也只能是知识和技巧。

——2019 年 10 月 31 日，新西兰北帕

沉默：要么事不关己，要么胆小怕事；要么心里有鬼，要么委曲求全；要么隔岸观火，要么身不由己；要么明哲保身，要么隐忍蛰伏；要么愤怒至极，要么阴险之至。沉默是金。

——2019 年 11 月 1 日，新西兰北帕

所有的文字，都有社会与文化、时代与个人的烙印，有的人能超越，很多人无法超越。学人的东西，如果呈现的方式没有纹理，没有结构，没有故事，没有套路，没有关怀和超越；如果只有事实，只有朴素的感性总结，只有自言自语；如果没有受众，没有思想，没有话语策略，没有方法论依托，没有建构与解构，那绝不能称作论文，甚至不是散文，而只是朴素的议论文、记叙文、说明文、总结发言，甚至最多如报刊政论檄文。

——2019 年 11 月 2 日，新西兰北帕

质的差别：语言，对专业学人而言，与常人不同的是，不只是

沟通交流的工具，更是表达其研究对象所呈现的专业方式和独特理解。虽然学人的文章不是八股文，但是基本方法仍不可或缺，其呈现的纹理与脉络，主题与结构，叙事与话语，能否一以贯之以关键词串联分析，以纵横时空的方法关联比较，在在显示出有无系统学科专业训练与理论关怀的质的差别。不可仅仅把理论与方法论庸俗机械地理解为某种宏大体系范式和意识形态的东西，其实它更多地指的是一种个人视野与学科切入的日常实践。唯有如此，几十年如一日不变的话语霸权才有学理同情式和颠覆性的共鸣，否则会弄巧成拙，最多只能是江湖郎中与祠堂术士而已。

——2019 年 11 月 3 日，新西兰北帕

紫红枫叶：对比莺莺燕燕，就你的颜色雍容华贵。

——2019 年 11 月 4 日，新西兰北帕

冬天快要来了，所以，燕园的秋如此惊鸿与眷念依依。

——2019 年 11 月 7 日，新西兰北帕

罗志田谈章太炎："如果文字能力不强，基本不能在学界立足。"其实，还应该加上重要的一条：如果没有系统学科训练和思想境界，基本就不能算是专业学者。

——2019 年 11 月 7 日，新西兰北帕

都是有机的整体，欠缺便是缺陷；都是主角，彼此辉映，不是衬托。

——2019 年 11 月 9 日，新西兰北帕

草叶，Exit 还是 Exile？

————2019 年 11 月 12 日，新西兰北帕

风起，枝飘，叶扬；天和，日丽，清新。

————2019 年 11 月 14 日，新西兰北帕

今晚克里·泰勒请我到他家餐叙，仍然是他下厨，叫上他的好朋友英文系退休教授Warwick一起。泰勒的伴侣在海外度假，Warwick的太太在外地未归。三个假单身老男人一起天南海北。因为Warwick食素的太太不在，我们可以吃肉了。现在我明白为啥他这么瘦了。如果我76岁也如此明锐平和，那该是一件多么美好的事情啊。

————2019 年 12 月 15 日，新西兰北帕

我已经开始变老的症候感慨：变老的时候，或者更老的时候，不要显得狭隘、固执甚至自私，这不仅是任何个人层面的挑战，也是文化层面的挑战，否则不可能有真正的跨代际、跨文化的友谊与丰富。这是老的时候，过得好与过不好的差别，也是人与人不同境界修炼的差别，还是制度结构安排文化层面的差别。一起晚餐的Warwick和我荷兰的导师一样都是76岁的退休教授，活得一点都不一本正经。

————2019 年 11 月 16 日，新西兰北帕

读高晓松：虽然不喜欢他满脸油腻，却喜欢他很多深刻的内秀与不是傻帽的纯粹。

————2019 年 11 月 17 日，新西兰北帕

我只在乎基本面：黄瓜、小青瓜、香菇、胡萝卜、西红柿、柴鸡蛋（各1个）素面之后的汤点，事后另加了一只青苹果调味。我从不按菜谱程式做饭，是应该显摆一下。

——2019年11月17日，新西兰北帕

Tame（驯服）或是 be tamed（被驯服）：终于弄懂了何谓多元和均衡，适应与调整。

——2019年11月18日，新西兰北帕

花城，不花心。其实，如果天气很蓝，珠江的水也会很爽，尤其是早晨。

——2019年11月21日，广州

主要是因为感冒，我点牛腩清汤面。服务生说：这种面都有牛腩汤汁。我说：那就不要加汤汁，不就成了我想要的牛腩清汤面了吗？服务生：啊啊，好好。

——2019年11月29日，新西兰奥克兰

很喜欢这个颠覆性招牌"BEST UGLY"，如同喜欢昨晚一位研究生时期的非学界的哥们一句漫不经心却令读书人汗颜的经典话语："读书人如果一直认真读书就不过气。"其实，何止是读书人。

——2019年11月30日，新西兰奥克兰机场

好多时候，不禁为自己卑微的俗气和庸碌而满脸羞愧；所以，今天突然忍不住想赞美清高。好久了，在当下，清高已经被视为不

接地气与不能通融的个性；然而，个人还是从内心赞美清高的人，尤其是学人。清高是一种可贵的品质，有操守，有原则，有境界，有担当。清高的学人，做事与做人，都有着个人很高的尺度，何况结交朋友。清高的人，对自己尤其严格，何况做人做事。清高的学人，能够一辈子保持清高的不多，所以值得敬佩。清高的人，朋友不多，倘若结交好朋友，都是全身心的，所以是真正信得过靠得住的好朋友，一辈子的好朋友。清高的学人，如果一直与时俱进，那才是真正了不起的清高。所以，我赞美学人的清高。没有清高这种内在的可贵品质，学人终究难以做成传世的学术。

——2019 年 12 月 3 日，新西兰北帕

大凡优秀的领导者和智慧的长者，不仅向上看，而且更向下看；不仅向内看，而更向外看；不仅向后看，而且更向前看；不仅看自己，而且更看格局。这才应该是机构与社会代际间绵延不朽、滚滚向前的发展动力。

——2019 年 12 月 4 日，新西兰北帕

放假的季节就是研究的季节，无论是外出旅行，还是书斋静思。

——2019 年 12 月 5 日，新西兰北帕

如果一座闻名千年的古刹突然间失去了固有的慈悲和应有的关怀面向，那绝不只是僧人的问题，而应该是古刹出现了大问题。不自知，不自觉，以为香客依然如故，别无分店，才是最可怕的问题。

——2019 年 12 月 7 日，新西兰北帕

为啥一定要等到让中国大学教授破产，才会开始想到正本清源？到底是在下的文化浑水摸鱼问题，还是在上的制度权力关系问题？文章虽然难免调侃，值得深思。

——2019 年 12 月 17 日，新西兰北帕

听闻印度非常时期莫迪总理摔了一跤：这是全球现代性的焦虑与人民抗争的普世性。如果歧视，如果不公平，如果排外，如果不正义，如果不开放、不包容，便是大灾难。对国家如此，对社会如此，对单位机构同样如此。

——2019 年 12 月 18 日，新西兰北帕

钱理群："老了，总有一天会让人讨厌的。"我理解的是：人老了，应该更受尊敬；老了，若被人讨厌，只能是老人干政，且远远脱离时代。

——2019 年 12 月 22 日，新西兰北帕

有些地方，是以国产为骄傲的。我想，我这个煮红薯应该很不错。

——2019 年 12 月 22 日，新西兰北帕

在当代人文社会科学领域，与其他学科比较而言，历史似乎从来不是制造理论的，最多是应用理论。这是历史学人被视为比较保守和顽固的地方。然而，历史学人似乎却对过去的经验教训信心满满，并以此为理论。这又是历史学人当代政治意识非常强烈的表现。对学人而言，舆论是思潮；对政客而言，舆论是霸权；对历史

学人而言，舆论既是理论思潮，又是政治影射。若大政治与小政治搅到一起，似乎就越界了。

——2019 年 12 月 23 日，新西兰北帕

节点，往往是总结反省，也是重新出发的时候。仪式还是应该有的，虽然我不贪杯。昨天买了两瓶上等红酒，一瓶自己享用，一瓶圣诞做客时用。

——2019 年 12 月 23 日，新西兰北帕

我已经错过了美味的圣诞大餐，岂能再次错过属于自己的仪式？一早给克里·泰勒发短信，紧急取消早已约好的今晚的圣诞晚餐。昨晚他还提醒我 5 点前早点到，先喝香槟，他老妈也在，然后晚餐。无奈跑步摔伤后的老伤突然发作，只得作罢，躺在床上休息。不过，傍晚时我仍然在周围慢转了 5 公里。我已经错过了白天，岂能再次错过特殊日子傍晚的天空？

——2019 年 12 月 25 日，新西兰北帕

一如人生：需求是有层级的，随着社会与人的发展而发展；生活与幸福的真谛是一样的，虽然快乐的方式与内涵不同。

——2019 年 12 月 30 日，新西兰北帕

游思与随想五

在这特殊的节点，我依然以慢跑20多分钟的方式告别2019，迎接2020。

——2020年1月1日零时，新西兰北帕

大学都在放假，整栋大楼空荡荡的，几乎就我一个人；学校食堂也如此啊，收拾得像一幅画，只好自备午餐。至少好几位老师，包括办公室前主人告诉我，我很幸运，这间办公室应该是整栋楼风景最美的，因为前主人刚刚升任副校长，搬走了。我以为是客套，现在终于信了。

——2020年1月3日，新西兰北帕

树干周边的青苗长势这么喜人，我在想，不知不觉又很快到了修理的季节了。

——2020年1月4日，新西兰北帕

富商相信权力，更相信资本；政客相信政治，更藐视道德；学人相信真理，却经不起权力与资本的诱惑；百姓更相信现实，不愿意相信诺言。一切烟消云散、尘埃落定之后，所有人可能都会觉得，如果重新选择，还是简单、纯粹和善良，最心安理得。

——2020年1月5日，新西兰北帕

严重的不对称性：按常识，应该是人越有名，讲话越严谨慎重、越睿智超越、越富有理性和关怀，而不是越自我表演、越信口开河、越胡说八道，尤其是知识人，除非不是讲给专业同人听的。

——2020年1月7日，新西兰北帕

今天给住所吸了尘，感觉很不错。打扫，其实就像洗澡、理发与自我反省一样，都是需要定期进行的。

——2020年1月8日，新西兰北帕

美好总是在走过大起大落之后。

——2020年1月9日，新西兰北帕

人，不仅是生产力，而且是温度与动感。在现代，如果一位学者几十年占据着某个重要位置仍不放手，要么是这个位置太肥了，要么是他本人一直不上进不自信，靠此营生，要么是这个机构已经烂透，不思进取，不可救药。

——2020年1月12日，新西兰北帕

早晚深秋初冬，下午晚春初夏；不是下午，不是黄昏，不是傍晚。

——2020年1月15日，新西兰北帕

诗，如果太投入，不接地气，不好；人，如果太现实，俗气，也不好。

——2020年1月16日，新西兰北帕

大学教育的裂变与转型：从"人"到"士"，成长与塑造，坚守与超越；今日的中老年，就是当年的青年；今日的学人教授，就是当年的学生。

——2020年1月19日，新西兰北帕

有两点非常感慨：其一，人的智力，最明显的差别在于判断力与阐释力，我们的教育却总是倾向于一种单向思维文化模式。其二，人的德性，最明显的差别在于最得意与最失意、最关己与最不关己、最需要配合服从与最不愿服从之间的应对反应。人的睿智与果断，以及人性的光辉与低劣，在此彻底洞开，暴露无遗。

——2020年1月23日，新西兰北帕

传染病，本来就是群防群控，切掉传染源，不能危害别人和社会，但也不能歧视与排斥感染者，他们也是受害者，需要关爱与尊重。现在形势已经明朗，全国一盘棋，全社会一盘棋，此时此刻最需要各自自觉合作主动配合，尤其最忌恐慌，最忌社会歧视，最需要传播正能量。

——2020年1月26日，新西兰北帕

积极全面防控的同时，也需要有另一条底线。如果你不能关爱，请至少不要歧视："此刻的武汉，需要的是怀抱，而不是唾沫

甚至拳脚。"此时的湖北，此时的病人，此时的被隔离者，需要的
是尊重，而不是歧视。

——2020年1月28日，新西兰北帕

文化是观念和行为的集中反映，行为是文化制度化的惯性产
物。物质上，我们是进入了现代社会；行为模式上，许多人却依然
停留在画地为牢的小农社会。关键时刻，公民社会的现代治理与公
民社会意识的缺位，一览无余。

——2020年1月28日，新西兰北帕

此时此刻，唯有祈祷与祝福，唯有相信与坚守，唯有众志成城
与齐心协力，才是本分。我们平时都敬畏天地，却未必敬畏自然；
我们平时都敬畏父母，却未必敬畏社会；我们平时都敬畏文明，却
未必敬畏人类；我们平时都敬畏神明，却未必敬畏生命；我们平时
都敬畏权力，却未必敬畏真理；我们平时都敬畏金钱，却未必敬畏
科学。

——2020年1月29日，新西兰北帕

实践是检验真理的唯一标准，许多人却总是要在大灾难面前才
愿意相信。自然科学是这样，社会科学也是这样。

——2020年1月30日，新西兰北帕

如果地域是空间的标识，如果人物是时间的印迹，无论地域还
是人民，都不应该是瘟疫的符号。

——2020年2月1日，新西兰北帕

德与仁，始终是关于人和人治的问题。然而，现代社会如何让国家、民族和社会都能很好地守护、很好地维护、很好地配置、很好地发展，就不只是德与仁的问题了，远远不够啊。几千年来，国人做人精明与精致的聪明人多的是，没有正气的好人多的是，和稀泥，忽悠国家、社会和机构的本位能人多的是。可是，谁来守护国家、社会与机构啊?! 尤其是机构，它们可是国家与社会的骨架、治理体系能力和价值观最真实的投影啊!

——2020年2月4日，新西兰北帕

为什么进步总是需要那么多鲜活的生命作为祭奠与牺牲？即使大疫当前，竟然敢如此肆无忌惮？如果不是大疫当前，恐怕这一天永远不会到来，更不会这么快。

——2020年2月4日，新西兰北帕

古今中外，每个社会与国家都喜欢听好听的话。所不同的是，现代国家与公民社会，除了依然喜欢听好听的话之外，还有至少两个基本前提：其一，好听的话必须言之有理、言之有据，不是谄媚，更不是胡说；其二，听好话的同时，总是必须倾听不好听的、批评意见的话，不仅是民主，更是法治。如果大学不是以学术权力与能力为价值引导，如果社会不是以公平正义为价值观，如果国家不以治理体系与能力现代化为强身固本保障，那么经济与科技发展永远不会是真正长久的、内生的和充满创造性活力的。

——2020年2月6日，新西兰北帕

唯有祝福，还有心痛：又是元宵，如同春节，心情与理念，一以贯之，始终如一，没有改变，不会投机。

——2020年2月8日，新西兰北帕

顽劣、拙劣的批评者，普通百姓都能甄别，会被自动淘汰出局，根本不要操心。怕就怕是伟大的批评者，他们不仅具有远见卓识、独立人格和思想，而且特别尖刻、个性十足，更不会在利益或压力面前屈服。对伟大的批评者容忍、接纳乃至呵护，于国家与社会而言，绝不是恩赐，而是幸运与福气。

——2020年2月9日，新西兰北帕

看了生离死别的文字，心里湿润了，上午立马写了《送别》这首诗，刚刚自己朗诵，可能才会准确表达此时此刻的心情。

——2020年2月13日，新西兰北帕

今天阳光灿烂，并不是青天白日总能够遇见地灯是亮着的，就那么一瞬间，在大学来回最后一次走了那片经常走的树林和绿草地。还了图书馆的书，交了办公室钥匙和大楼门禁，该告别的也告别了。当然，不会忘了，最后一次给自己住处吸了尘。一次很好的生活经历与学术经历。

——2020年2月14日，新西兰北帕

要离开了，每一个域外之地，每每离开时，我会真切地认为，都将是最后一次。这里每天的蓝天白云、日出日落令我新鲜兴奋，这里见证过我每日住处周边河畔乡野的慢跑，当然还有几十首连我都意想不到和情不自禁的诗。

——2020年2月16日，新西兰北帕机场

返京自我隔离前，再品味难得的室外泡茶自由。

——2020年2月16日，新西兰奥克兰机场酒店

踏上归途，旅客很稀少。刚到出发大厅时，自始至终戴口罩的旅客几乎就我一人。候机厅戴口罩的开始多起来了，至少有一半人都戴了。

——2020年2月17日，新西兰奥克兰

赞美，不仅美好，而且高尚，本身是没有错的。如果大家对赞美很反感，要么赞美太烂、华而不实，要么赞美太虚、不实事求是，要么赞美太功利、没有弄清对象。

——2020年2月19日，北京

缺位的后果，后果的惩罚：当一切以官本位为主导，国际话语缺位不可避免。当政治成为垄断与敏感区域，年轻一代的集体缺位自然就是后果与惩罚。不是别的，这才是问题的本质。

——2020年2月21日，北京

如果绝大部分民众，包括知识分子（少数伪知识分子"精英"除外），被剥夺了参与感和知情权，成为干部队伍的另一面，那么没有担当的袖手旁观、冷嘲热讽、嬉笑怒骂、个人意气甚至义愤过激的种种反常生态，很难说没有理由。检讨反思为什么如此，才是

真正的关键。

——2020年2月22日，北京

我的看法是应该检讨，应该纠偏，但不能矫枉过正，不能"一刀切"。否则，同样是走向另外的极端，性质都是一样的。实际上，问题不是出在外面的SCI（科学引文索引），而是出在里面对外面SCI的机构操纵、过度经营，特别是钻里面对外面情况不熟悉、专业程序评估不严谨、不看内容只问形式走过场的空子。问题在里面，不是外面。最后个人申明：我个人从来就不唯SCI。

——2020年2月23日，北京

一流的自然与社会科学家，思维与心灵都是相通的："对鸟们来说，'数学如隐喻'是一个好口号。……坐标、流数、符号逻辑和黎曼曲面，都是隐喻，将词的意义从熟悉的语境拓展到陌生的语境。曼宁将数学的未来看成是对可见但仍不可知的隐喻的一个探索。最深刻的一个隐喻是数论和物理学之间在结构上的相似性。在这两个领域中，他看到并行概念诱人的一瞥，对称性将连续与离散联结起来。"

—— 2020年2月29日，北京

很多东西与感觉，尤其是个人创造性的探索，高潮之后，不会总是高潮连连的，都是需要酝酿、过程和心境的。闭关阅读是这个过程，隐居写作也是这个过程；寻找新的突破点是这个过程，健身远足同样是这个过程。是谓更新，更是超越。

——2020年3月4日，北京

在真理与太阳面前，每一个灵魂都应该平等：如果地位的不对称性是等级与阶级的基础，如果资讯的不对称性是垄断与霸权的基础，如果知识生产与传播依然发生在不对称性的基础上，那么，知识的创造只能是依附性的教条解读，不会有创新超越，知识的传播也只会是宣传性的工具弘扬，不会是科学性的普及。

——2020 年 3 月 7 日，北京

新学期北大教授书单：记得应该是 2004 年秋季，突然接到电话说，500 多位班主任中自己被学生们推选答辩，晋级推评为前十位的一等奖。学校问教师节是否能上台出席领奖等，我毫不犹豫地说，刚好没空。虽然我知道学校是很给我面子，虽然我也有空，却不后悔。大约 2010 年，系办老师来电说，校团委同学找过我，想约采访事宜，把我的电话留了。事后团委记者不下三次约我采访，我推诿周旋最后给婉拒了，虽然心里很过意不去。前不久，学校新闻中心记者邮件约此稿，我欣然答应，立马动笔。自己已经老了，回忆分享求学人生是一件很愉快美好的事情。

——2020 年 3 月 9 日，北京

感恩，多美好啊，为什么要说不呢？问题应该是：感恩是普世性，不能强化为国民特殊性；本来是做人基本的文化和道义修养层面，不能强化为霸凌的政治和制度层面；本来是个人自我完善的积极解放，不能强化为集体侵权的扼制工具。只有能自由飞翔，才会感受到笼子作为家的温馨。

——2020 年 3 月 11 日，北京

宏大叙事，无论是作为手法还是内功，长期以来一直是国际上许许多多学者孜孜以求修炼而不得的学养功力。一直在纳闷，为什么国内多数学者对此却一致本能地抗拒排斥？反而是，国际上许多研究范式，早在几十年前就开始遭批判落伍，国内许多人却以为时髦地奉如至宝、趋之若鹜？刚从京张铁路公园穿越回来，我想，自己心里大概应该基本有解了。

——2020 年 3 月 13 日，北京

没有人的颐和园，应该就是慈禧太后的吧。

——2020 年 3 月 14 日，北京

已经有点车水马龙了，时间是最好的治疗。

——2020 年 3 月 16 日，北京

需要严重警示的网红言论：世界上没有一个国家的国运是以别国的灾难为机遇的，尤其是自然灾害、瘟疫与战争。那只能是反文明的、反人类进步的。同样地，大学尤其是研究型大学，无论作为机构还是作为学者群，如果以上央视露脸为乐事且津津乐道的，只能是自我矮化，连基本的学术定位定性都没有了，遑论研究的超越。这不是值得骄傲的中国特色！

——2020 年 3 月 20 日，北京

怀念三十多年前厦大图书馆里的每个漫不经心、漫无目标的读书日子，以及读书期间溜出来抽烟放松的间隙，虽然我戒烟已经超

过二十六年。

——2020年3月21日，北京

病毒是人类的共同敌人。在此非常时期"甩锅"与相互责难，都是极端不要负责的，对所有人、所有国家都是如此，尤其是大国，尤其需要联防联控协同合作，尤其不能煽动种族与意识形态对抗。反之亦然。

——2020年3月24日，北京

新西兰北帕这个中国城（Chinatown），只是餐馆，不是唐人街，不是中国城。

——2020年3月24日，北京

有意思的中国特色，可不是另类的性别歧视。在此非常时期，女大夫、女护士、女记者、女教授特别给力，特别是退休女教授尤其给力。体制内的人，总是只做不说，值得深思。当今世界，如果谁只听好话、假话，如果谁不愿听真话，谁就会受到严厉的惩罚。如果谁只顾当下和眼前，谁不看大局与长远，同样也会被历史和人民狠狠抛弃的。

——2020年3月26日，北京

不是启示：如果是进步的超大复杂的人类社会试验，当然可以渐进式地走一步看一步。但是，如果是倒退的国家与人类的群发性灾难，如传染病，电脑病毒，大面积的空气、水与食品污染，经济危机，核泄漏，海啸，甚至大战等，那么，没有及时果断地应对，就是超级性的大灾大难。

——2020 年 3 月 28 日，北京

这是人类历史上第一次全球律动与检视的事件。在全球疫情和自媒体社会的大环境里，如何面对疫情，关乎所有国家、族群、社会、机构、家庭和个人，没有例外。任何选择性的资讯与选择性的取向，不仅要经受疫情的检视，而且要经受时间和所有人的检视，没有例外。疫情之后，如同海水退潮之后，无论好坏美丑，一切都将暴露无遗，无法掩盖。这是科学，是病毒，是生命，是人道和关怀。

疫情政治不再是给国内人民和海外华人看的和听的，而是给全世界人民看的和听的。这时候，疫情政治更需要智慧和高度，它不是高调地拼意识形态，更不是低级的扬扬自得与高调的傲慢偏见，而是低调地拼行动、结果和道义制高点。疫情政治应该是：哪个国家把自己的事情最终做到最好，而同时做到有理、有利、有节，不失范、不失关怀，才会是真正的太极高手、软实力和最后赢家，否则免谈。这时候，如果反而高调奢谈贬低对方、自我张扬、幸灾乐祸、保守排外与意识形态优越性，反而会弄巧成拙，最终给自己上套，陷国家和民族于不义。这是因为，全球人民都在家里认真地关注着这个事件、这个节点、这个声音。

——2020 年 4 月 1 日，北京

此时同心，此刻同理，相互理解，共患难，才是真正的人类命运共同体：非常时期，不要幸灾乐祸，更不要横加指责，不仅因为不厚道，而且因为这种情况说不定将来同样可能会发生在自己身

上。非常时期，没有最后结束，不要侥幸得意，更不要高兴得太早，别的国家也不会是你想象的那样愚蠢。只有祝福，只有包容，只有平和！

——2020 年 4 月 2 日，北京

总是会有很多美丽的心灵的，无论何时何地，无论政治如何诡异，无论灾难如何无情。

——2020 年 4 月 3 日，北京

大概只有今年的清明，缅怀的不只是自己的先人和亲人；大概只有今年的清明，追思的不只是自己的国人和同胞；大概只有今年的清明，地球是人类最美好家园的共同愿望如此同步强烈地律动。都是一个地球村的人民！深深缅怀，深深祈福。

在新旧与内外之间，权力与理念，财富与价值观，不一定都会同步对称。屹立不倒的最终应该还是与时俱进、表里一致、内外兼修、承继变革的精神传统与开放实践。感谢您，这些年让我们家每天都有鲜花飘香。

——2020 年 4 月 4 日，北京

实践是检验真理的唯一标准，回过头看，对很多东西的认识会很不一样的。

——2020 年 4 月 4 日，北京

庆典的时候，更是反省的日子。几十年来，与国家的社会经济技术进步相比，大学的表面繁荣与内在发展的严重滞后相辅相成，相互映衬。祝福生日的同时，多点反省，反而更合适清醒。

——2020年4月6日，北京

无论何时何地，白衣天使与蓝衣勇士，大疫面前，总是最耀眼、最活跃、最生动、最令人钦佩的人性光辉。

——2020年4月15日，北京

再思录。有了第一份沉思录后，今天突然情不自禁再发一份再思录，请教大家。此次大疫，最值得汲取的深刻教训，窃以为至少有如下六点：

其一，凡是大灾大难，不仅要及时救灾，而且要严防次生灾害，同时要谨防第二轮、第三轮的袭击，尤其是这次新冠疫情。任何侥幸心理、走一步看一步的观望心态，都是严重错误，都会酿成大悲剧。如果中国做实了这些，才算是真正固本。

其二，发展的核心动力要素，始终是健全的基本面，包括政治、经济、社会、文化与教育水平的健康面与竞争力。为防止我们对外发展的动力大大减弱，更需要以对外开放与对外贸易服务的高标准要求，开拓发展国内市场和服务。失去了这些基本面，不仅是釜底抽薪，而且可能会突然塌方，葬送改革开放发展的大好战略机遇。唯有紧紧依托技术进步与教育水平的提高、体制与治理能力的活力、竞争规则与价值尺度的公平公正、高质量的国际化与包容谦和开放，才会使中国真正可持续发展。

其三，回过头看，不可否认，当初李文亮医生的"吹哨"行为相当程度上唤醒了全国人民与举国体制高度敏感政治的神经，反过来推进了应对疫情的强力有效防控，为中国抗疫第一阶段的胜利成果打下了很好的基础。这是事实，也是结果。

其四，同样地回过头看，第二阶段国际新一波疫情的上演，是对我国大一统管理与政治教育效果的完全释放、彻底展露和集中检视。不只是大灾大疫面前正常的人生百态，更主要的是我们有意无意的集体愤怒失控，举国对外声讨与扬扬自得、幸灾乐祸交织在一起的复杂心态。这不仅会撕裂国内社会，而且将会在国际舆论与国际社会对中国的判断方面，给中国带来很被动、很不利的影响，而且短时间内难以消除。

其五，向前看，如果大疫后中国能够幸运地固本且经济生产恢复相对地一枝独秀，那是中国人民的大幸运、大福分，但绝不是大胜利、大庆功。如果我们把自己的抗疫胜利成果过度宣扬，效果甚至可能适得其反。这将是一把双刃剑，置自身于困境，从长远看会伤害自己，在国际上招致严重戒惧和围堵。国际围堵，从来是像中国这样大国的地缘政治游戏中的核心博弈。

最后，再回过头看，经过大灾大难，是该好好反省的时候了，不是为了否定，而是为了进步，以及为了避免重蹈历史悲剧的覆辙。

大疫之后，一般总是祭奠，也会清算，更要反思。中国如此，西方如此，全世界都是如此。

——2020 年 4 月 17 日凌晨 2:15 识于北京西郊

今晚突然找到自己写于 1989 年硕研时一篇一气呵成的随想录，整整三十一年前，值得怀念。那时候，我可是有好多好多梦想，比现在狂妄多了。那时候，我的思辨性与不知天高地厚，包括字迹，都很有意思，虽然不乏嫩稚。值得分享纪念，不屈的灵魂与跳动的青春。

——2020 年 4 月 20 日，北京

抄袭的人被曝光，固然麻烦大了；被抄袭的人也曝光了，不一定会是荣光满面，说不定也给搭进去了，如果一查到底，到底会是谁抄谁的？

——2020 年 4 月 22 日，北京

现在很多书越来越不像书，越来越没有思想。中小学时，没钱买书；大学时代，啥书都想读，只要是好书。如今几十年过去了，当年用心认真读过的书，全都忘了。曾经找啊想啊，最后也只找到了自己现在的影子。大学，应该是最讲理、最开放、最多元的地方。因为真理，因为进步，因为关怀。任何一个匪气十足、江湖气盛行、投机谄媚、庸俗铜锈气弥漫的大学，都是不能称之为学府的，那是世界上任何一所优秀的大学都不能容忍的。这是尺度，是底线；科学的、人文的和专业操守的；不是恩赐，是命脉，是校训。

——2020 年 4 月 23 日，北京

本来是××教授，却非要标题党包装为××大学的教授，个人变成整个大学群体。本来是××教授，一定要标题党冠以××院士，国家级头衔，校长、院长头衔，反而让实质性专业职称变成最无关紧要的附庸。本来是××专家的发言，标题一定要冠以××专业权威的发言，个人代表整个专业，科学家成为整个科学界。本来是在读博士研究生，却对外堂而皇之地称为××博士。

本来早已退休却并未获得学校正式批准授予荣休教授头衔的教授，却依然大张旗鼓地对外使用××大学教授的名义继续沽名钓誉。利益面前，机构、专业与社会公共领域水准的沦陷，是真正的集体塌方。

——2020年4月24日，北京

不要把历史的解读与历史的研究混为一谈，不要把作为研究领域的公共史学与作为传播领域的大众史学故意混淆，不要把学科方法论与个人治学经验相提并论，更不要把学术推销本身当作比研究过程与研究成果还要重要的话语权手段……这些都是有意无意的误导，如果不是自我中心和无知。

——2020年4月25日，北大燕园

帽子，最高级的是礼帽，不仅是正衣冠，更是职位、等级、荣誉和品位的象征。然而，帽子，很多时候是用来遮羞的、御寒的和点缀的，甚至有时候是张冠李戴的。大学里，专业的帽子从来就不是被赋予的，更不是学科建设评估的重要指标。

——2020年4月26日，北京

2018年年底我在莱顿客座时接绍民兄来信，叮嘱给《读书》写点什么。我一直记着，只是觉得没有合适的题材。与其说这篇拙文是关于饶宗颐的，毋宁说是关于如何解读饶宗颐学术文化现象的。与其说拙文是关于杨斌教授大作的书评，毋宁说是关于如何理解饶宗颐与新加坡的历史互动的。

——2020年5月1日，北京

自己朗诵拙诗《未名湖》，作为燕园人的一份个人心情表达。没有思想的盛宴不是庄严的仪式，没有精神的学人枉为师表。然而，这又确确实实是一个喜欢表演的时代与唱戏的一代，演员都是几十年如一日的老戏骨。政治演讲可以是嘉年华，学人演讲却也如此跟风赶趋，到底是忽悠国家，还是民众，或者是为了自己——一点都没有历史感啊。不问。北大生日快乐！这才是最重要的。

——2020年5月4日，北大燕园

杂草丛中，几簇散落的薰衣草，婷婷而立，如果不是在这污染的和灰色的阴天，会是什么样的呈现呢。

——2020年5月7日，北京

当年元旦，老师海外度假，我一个人住在阿姆斯特丹老师家一个月了，两天后便要搬到莱顿去住。节日里，看着窗外的阳光，室内的花草，想着二十年前自己读书的日子，情不自禁写下这首拙诗。《燕寨集》里，我重新改名为"物总是人的故事"。去年暑假我抵达马来亚大学客座后不久，自己对着手机朗诵。算是存念。

——2020年5月9日，北京

学问最终是专业学界、专业同行和专业市场锻造出来的。

——2020年5月10日，北京

保持定力与基本面不容易，却最为难得，在这个碎片化知识泛滥的时代，在这个疫情全球流行动荡不确定的时代，在这个世界政治经济秩序转型的时代，在这个得意浮躁表面奢华的时代。

——2020 年 5 月 11 日，北京

一个人内在的尺度，包括价值观、审美趣味、性情、标准与原则，其实是可以用来衡量其做事的水准和做人的高度的，因为那些才是最真实的测量。

——2020 年 5 月 13 日，北京

当我们刚从革命、封闭、愚昧与混沌中走出来的时候，我们满脸天真无邪和对知识启蒙的无条件渴望，自然理所当然。当我们早已越过了那个时代，已经变得理性和健全的时候，如果以为我们会依然任由自己被几十年前陈腐的、落后的、不变的人和事误导，甚至以此为不变的动力，没有了辨析、批判、反省和超越的能力，那麻烦可是真的大了去了，因为这才是真正的自欺欺人和井底之蛙！

——2020 年 5 月 15 日，北京

都市里的村庄，今非昔比；鲜花在铁路旁边盛开，不是牛粪上。

——2020 年 5 月 19 日，北京流氓村

无论何时何地，大学科研院所，如果既没有视野，又无专业内涵，且无德性风范与公正，哪里可以当指引，遑论领导。

——2020 年 5 月 26 日，北京

风过之后，却不见雨。

——2020 年 5 月 31 日，北京

为什么总是要等到我离开之后，厦大的凤凰花、三角梅才开得最鲜艳欲滴。

——2020 年 6 月 8 日，北京

想念鸭川：今天中午去北大附近办事，回来的路上经过豆瓣书店，好久没有光顾了，忍不住溜进去，淘了两本书。我已经有八年没有去日本了。虽然在我日本客座的时段里，京都不是最长的（一次 6 个月在东南亚研究所，一次 2 个月在人文科学研究所），却是访问次数最多的地方（都是京大），没有二十次，应该也要十五次以上吧。除了长住，短期访问每次都是住皇宫旁边的 Palaceside Hotel（御所之西侧饭店），每次都会站在鸭川桥上发发呆，或者在鸭川岸边座椅上，看着行人，听着流水，静一静。

——2020 年 6 月 8 日，北京

身份决定地位与待遇。身份不只是指体制内与体制外，还包括很多其他的"内与外"。体制与文化的劣根性，以及对公平公正的严重扭曲，全部被身份合法地包装。

——2020 年 6 月 10 日，北京

专业创新的表现形式是专，而不是博；专业的门槛越高、评审标准越严，品牌与质量自然也就过硬。开放、包容、多元竞争、相得益彰的学术生态，才会高质量、可持续发展；反之，一枝独秀、裙带关系、封闭排外，最后只能是急剧内斗和垂直塌方。

——2020 年 6 月 13 日，北大燕园

只是路过，不是猎奇。

——2020 年 6 月 16 日，北京

所有的思想，无论原生的或繁衍的，其实，都是有源头、脉络与鲜明个性前提标识元素的，都有先后之分。如同商标注册与论文发表一样，思想都是有发表时间与身份标识的。无论直接引用、间接引用，还是故意不引用，都不能抹杀创新的源头和标识归属的事实。以前，有时间、空间、语言与信息沟通等障碍隔离，让智识生产与再生产，在知识产权上严重模糊，缺乏专业操守；如今，只有一个全球的平台，时间、空间与思想的标记记录，清清楚楚，无法抹杀，不能再自欺欺人了。

记得 1996 年 3 月，我刚抵达新加坡东南亚研究院不久，拿了一份报刊，上面登了××图书馆员一篇小文。我去国立大学校园找某位学人，在电梯里，他看到了我手中那份报刊，立马要去复印。事后，我发现，该学人在××国际著名学刊发表的论文题目，完全就是借用该文题目的创意，仅仅改动了几个字而已，却没有指明出处。那时候，世界还不如现在那么平。自此，我心里就有了一杆秤，一直埋在心里。

——2020 年 6 月 22 日，北京

晚上照例下楼，在小区院子里遛几圈。下楼后，发现没有戴眼镜，不是故意的，感觉却很不错。能认路，却不能认人；只有自己，光顾着走路。

——2020 年 6 月 22 日，北京

自始至终，不亦乐乎。专业与热爱，敬业与激情，担当与关怀，自然又坦然。

——2020年6月26日，北京

傍晚外出走路，看到路边公交车站显示牌，环保宣传画面令人心里顿时一亮。然而，马上又生感慨：最清新的东西，一旦上了街头被格式化，华丽转身就成了擦桌布。最后一想，男人一生不也是如此吗：除了日复一日为事业努力打拼，还得时刻内观反省，不仅内观思想与境界、行为和作风，而且每日还得检查自己的肚腩是否更平坦，脖子是否更粗壮，思想是否更保守而腐朽，人是否更油腻和自大。你说，到底容易还是不容易？

——2020年6月26日，北京

不是只看"非法地造假"，更要追究如何"合法地造假"；不要只看题目，更要看内容；不要只看"表格"，更要看"货色"；不要只看评价，更要看是谁评价；不要只看是否发表，更要看是哪里发表、怎么发表、发表什么。

——2020年6月30日，北京

陷阱与迷思之间，其实是常识：专业出版与大众媒体之间，个人叙述与同行对话之间，不是同一平台，无疑是质的差别。是事实重要，还是动力更重要；是个案重要，还是框架更重要；是潮水溪流重要，还是进程更重要；是专业市场同行重要，还是行政官员、新闻从业人员与大众更重要。

——2020年7月1日，北京

无论怎么放飞，飞越的都是未名湖的天空；无论怎么放飞，飞越的都是燕园的海洋；无论怎么放飞，飞越的都是昨天和今天的青春。

——2020年7月2日，未名湖毕业季

如今唯四位一体，学术著作才算真正验明正身：不要只看书名，更要看里面的内容；不要只看作者，更要看学界如何反应；不要只看包装，更要看是哪一家学术专业出版社；更重要的是，还得看是如何出版的。

——2020年7月2日，北京

Momentum 没有问号：昨天下了一场雨，"听雨"，很多时候，自然要比"闻风"惬意得多，尤其是夜深人静的时候；无论阳春，还是初夏；也无论仲秋，或是寒冬，取决于momentum没有句号。

——2020年7月3日，北京

现在可以交代和澄清了：去年《皇家亚洲学会马来西亚分会学报》（JMBRAS）书评编辑邀请我给王赓武回忆录*HOME IS NOT HERE*写书评时，事后告诉我理由是，相信我能够客观公正而学术地评价，因为我既不是王先生的学生，又不是王先生的下属，也不是王先生的同事，能够公允，不偏爱，无偏见。其实，在客观公允的同时，我遣词造句中已经隐含着很多超越式的提问与暗示。我也从来不会靠翻译大佬们的著作取巧。虽然我牵头主持翻译安东尼·瑞德（Anthony Reid）的《东南亚的贸易时代：1450—1680年》（两卷本），但一开始我一直是不卷入的，我自己的英文专著都一直没有时间翻译。直到该翻译项目两次组队翻译，两次以无果告终，在新加坡瑞德亲自请我出面，我才出于推动中国东南亚研究的大局要旨而全力以赴。

——2020 年 7 月 5 日，北京

前几天，有一位好友给我写信，请我写一篇书评。因为是好朋友，我唯有实话实说：序言可以是作者邀请老师、熟人、朋友、同行写，专业书评则必须是非私人关系的同行写，且不能与作者有私人牵扯，才是加分。同理，几个月前，海外一位学者也请我给他的英文专著写书评，我同样回复，英文专业书评都是期刊书评编辑决定邀请，不会是作者要求，否则只能适得其反。这是严格的专业惯例。

——2020 年 7 月 9 日，北京

并不是只有非常著名的大家，私人的东西才有非私人的关注度与意义。其实，对任何一个认真探索、严肃思考的学人而言，其个人的维度与内容，很多时候只是更大范围的主题领域关怀的引子、媒介指向或表现手法。

——2020 年 7 月 11 日，北京延庆妫水河

抗拒与捍卫，其实，不一定是双方，很多时候只是自己一方。同理，自卑与自大，崇洋与排外，向左与向右，有时候也是以对立的形式来表现的。所谓国际与国内，母语与外语，确实存在差别，不可否认。然而，对于学术而言，真正的内在差别，其实不是语言与国别甚至意识形态的表现形式（这最多只是借口），而是程序规则与内容方法论之间的差异。虽然如此，中文拙著《区域与国别之间》面世后，我早已暗地对自己说，明年将集中精力重点把另一部

英文拙著整理出版。然后，应该不会再用英文写作，因为用英文写作太挣扎，用中文写作我会更得心应手。

——2020年7月17日，北京

风起的时候，没有涟漪。

——2020年7月19日，北京延庆妫水河

终于有人说话了，我也来凑凑热闹：世界真的很大，能否换位思考，不只是物理的问题那么简单，更是智识训练与视野的问题。既不要管中窥豹，也不要妄自尊大。让学术回归学术，让政治回归政治，让平常心与理性超越狭隘与偏见。格局与境界，不是语言宣示，而是内在思想展示、判断力与分析批判力。谩骂挑毛病，谁都会；哗众取宠，在专业高手面前，只能是续貂而扬扬自得，却不自知。

——2020年7月20日，北京

"周期"的间隔频率与"单元"划分的标准，总是有规律可循的：选区，是国家的政治；码头，是社会的政治；人事，是机构的政治；当然还有，人情世故是"草根"的政治。江湖，既是与朝廷相对而言，是社会；社会百姓，却未必是江湖中人。看庭前花开花落，观庙堂香火聚散。自己能够依然心安理得，因为相信，唯有学术，唯有理性与纯粹，才是学人。学术机构如是。

——2020年7月21日，北京

与犬子共勉。人的住所，就如人自己的本领和健康，自己工作的单位，自己生活的城市、国家一样，基本属性是否健全，非常关

键！除此之外，平时晴带雨伞、饱带饥粮，防患于未然，养成良好的勤俭节约的生活习惯，非常重要！

——2020 年 7 月 22 日，北京

一般地，大凡学人都是聪明的，尤其是职业的学人。很多学人甚至很精明的，那种反应特快的、功利的、投机性的、个人利益至上的那种聪明；可就是没有自己原创性的、独立的、具有深度的思想。有些学人，给人印象虽然憨厚、有书呆子气，实际却大智若愚，要么内心专注执着，要么表里如一、为人真诚，要么心里明镜式的，这种学人都会不禁令人内心钦佩。还有一类学人，不仅具有与生俱来的某种灵性，而且具有深刻的关怀与哲学式的深邃，独立、自我而富于自觉，应该属于那种思想光芒型的、高标准的学人，绝不会是抱残守缺、井底之蛙的极端之类，虽然有时难免会受争议，却会不屑一顾、坚定前行。

——2020 年 7 月 23 日，北京

发誓不写诗的日子，观潮；没有风的日子，看天；泡茶的时候，听雨；没有雨的季节，读书；读书之后，发呆；发呆的时候，跟从内心，赶紧奔出门外，奔跑，奔跑。

——2020 年 7 月 25 日，北京

近几十年来，院系设置时，当历史与文化，或者历史与旅游，或者历史与社会结合重组推出，历史学作为专业学科挣扎沉沦的命运在机构层面就正式宣告开始了。当然，只有在一种情况下是例外的，即上述安排是作为研究层面的、跨学科的关怀视角考量。然

而，这一点却又是历史学与历史学家所集体抗拒的。

——2020 年 7 月 27 日，北京

发誓不写诗的日子：话语，之所以有市场，是靠立场、观点、内容与呈现的方式，而不是靠霸权与刷存在感。专业人才，之所以是人才，是靠专业领域的专业研究、代表作、专业荣誉与专业认可，而不是靠屁股、帽子、头衔、口水与关系网。媒体书评与学刊专业书评的根本差别，在于前者关注的是广泛性社会政治议题（包括通俗性大众著作），主要面向社会与政府；后者是专业性学术专著（而不是通俗性大众著作），主要面向学界专业同行。没有一个专业的大咖可以不做研究而能几十年成为学科院系的动力。当然保守、封闭、僵化的大学院系除外。当学人或大咖不能在专业市场上寻找到自己对应的专业价值定位时，要么在不对称的、非专业的社会与政府职能部门招摇撞骗，要么利用非学术的手法与文化霸权操纵专业霸权。然而，这是曲线的、玩弄权术的生存策略，不是应有的专业本领与专业操守。其结果只能是社会与思想价值观的严重保守、落后，甚至倒挂，直到机构集体沉沦、门派全军覆没，或者以被颠覆的方式重新换血，或者以代际更替的方式集体换血。机构、思想、观念、制度、视野、文化与领导力差异的后果，就是如此残酷和不可阻挡。

——2020 年 7 月 27 日，北京

地球村谱系里的国家，犹如江湖上的码头；江湖码头之间风云突起，如同世界地区之间血雨腥风。

——2020 年 7 月 29 日，北京

第一次知道阮次山，是1996年到1997年间在马来西亚做田野调查的时候，当年每天必买至少两份报纸——《星洲日报》和《南洋商报》看，阮次山在上面开了专栏，令人印象深刻。后来，凤凰卫视上经常看他的评论，不意识形态化、不谄媚、不肉麻，却有一种发自内心的、不做作的、正能量的华人情怀。

——2020年7月30日，北京

前赴后继，不要以为这真是香火：一个中心倒下了，另一个中心站起来；一个研究院被撤了，另一个研究院建起来。年年岁岁，岁岁年年。

——2020年7月31日，北京

真正的北大师生，从来不屑于靠北大的名头给自己脸上贴金，更不会吝于批判北大。成天拿北大的名头在外招摇过市的，一定是伪北大的假冒伪劣，这些人才是最需要警示的。

——2020年8月4日，北大燕园

不要误解，更不要混为一谈：批判始终是学人一种基本的分析方法与思维方式，不是曾经黑白颠倒背景下的惯常政治斗争手段。同样，宏大叙事也是学人自己专业呈现复杂的、碎片化现象与资料的基本能力，不是强加的国家叙事或中心霸权的意识形态。

——2020年8月5日，北京

选边与不选边。选边的极致是投靠、依附、结盟，敌我分明，是绝大多数；不选边的极致是永久中立，不蹚浑水，是极少数。选边的人，讲出身、讲世袭、讲意识形态、讲政治、讲利益；不选边的人，讲原则、讲价值观、讲德性、讲个性。选边的国家，都是中小弱国，讲地缘政治经济；不选边的国家，都在利益集团之外，不分蛋糕、不分赃。不选边的极致，是两边下注、左右逢源，就像花心之人玩三角恋似的。所以，选边与不选边，哪个到底最可靠？

——2020 年 8 月 7 日，北京张家口铁路公园

晨雾，是不带露的；带露的，是草叶。

——2020 年 8 月 10 日，北京慕田峪

权力关系。不对称性，尤其是严格的不对称性，通常不仅可以藏污纳垢，而且可以制造光环、炮制神话。这种不对称性的表现方式主要包括代际的与等级的，时间的与空间的，资讯的与专业的，文化的与文字的，等等。不过，时代已经大变了，原来的那种老套越来越不灵了。

——2020 年 8 月 11 日，北京慕田峪

所谓创新，或者一家之言，从来就不是标榜的，都是有记载的。记载的刻度，有时间的、空间的和出版的，没有石井和码头的分野，只有同一个时间与空间维度的公共平台。所以，引用，无论是直接引用还是间接引用都遵循这个专业操守的原则。不引用，或者故意不引用，都无法改变既定的知识产权事实，只能暴露作者专业视野与专业操守的局限和德性。很多学人只在乎说什么，在乎立场高度，以及是否高调、旗帜鲜明；真正的学人更在乎如何说，在乎为什么说，在乎呈现的过程、方式与手法。虽然我做学生的时候

喜欢指点江山、挑战挑剔，但是自从正式"出道"那天起，我就告诉自己，写商榷与论战的文章，只论事不对人。虽然对有些学人我非常钦佩，但从来不会肉麻谄媚与投机；虽然对有些学人我从心底不欣赏，但写作时依然会引用他们的东西。不带感情色彩。几十年来，这一点一直坚守得很好。

——2020 年 8 月 15 日，北京

空间，固然是造成时间差的重要因素；语言、文化、视野、资讯传播与垄断，同样是造成信息不对称的时间差的重要原因。所以，中介，商业的、文化、政治和社会的中介，始终存在。在这个意义上，翻译更是文化与思想的职业中介。

——2020 年 8 月 15 日，北京

不要本末倒置。所谓论文，窃以为是以学科与专业的、自成一家之言的方式分别对议论文、记叙文、说明文、人物故事的升级与综合。最近学刊杂志社纷纷邀请学人大咖谈投稿文章的写作问题。其实，这不是问题的根本。虽然一流的学人都是一流的语言大师，不过，语言与文字终究是技术性问题。成为一流语言大师的一流学人，究其实是因为文中贯穿和渗透的是思想脉络、学术训练、理论视野、方法论框架和深厚的经验材料，而不是语言与文字本身，而这才是最根本性的问题。

——2020 年 8 月 16 日，北京

心里委屈。生动，不仅是形容词，而且可以作为动词；幸福，不仅是名词，而且照样可以是动词；回忆，自然既是名词也是动词，大

家都一目了然；文化，一般是名词，有时候却是动词。编辑啊，我不是不懂，您不能随意按惯例改动我的用词，那样，意思就全变味了。

——2020 年 8 月 16 日，北京

商业上，如果把坑国内客户的做法扩大到国外，最终伤害的只能是自己。学术出版上，国际学术出版，虽然偶尔也接受机构补贴，但主流从来是没有作者自己补贴的，只有学术品质与学术市场。国内学术出版补贴，如果把现状与过渡当成主流与惯例，最终伤害的是学术出版的品质，出版社垮台也将是迟早的事。

——2020 年 8 月 21 日，北京

单位啊，是行当，就像谈男女朋友，年轻的时候，大可以练摊；但是真正谈婚论嫁的时候，却要慎之又慎，要看准啦。即使如此，还是靠自己最保险，借用一句粗话："我也不像有些朋友，没有拿单位当干爹的兴趣爱好，一是孝不出来，二是有生殖隔离，多替你妈想想。"

——2020 年 8 月 22 日，北京

历史，在古典和近代社会，一直富有霸气；在发达专业社会，很有贵气；在发展中国家，很多时候，要么没有门槛，要么一本正经，要么庸俗不堪。

——2020 年 8 月 22 日，北京

人来人往，潮起潮涌，市场真本性也。

——2020 年 8 月 26 日，北京

白字黑字：出版，固然留下来墨香，也永远留下了瑕疵；如果瑕疵是大面积的，却依然出版，除非是因为利益与特权。我们不是明智的长者，如果眼睛一直只顾盯着自我与眼前；我们更不是值得尊敬的长者，如果失去了善良与开放而不自知。

——2020 年 8 月 26 日，北京

不要误判，大众捧你，与其说是因为你的学术水准，毋宁说是因为你涉及的课题恰好切入了社会的、当代的、人民的和国家的记忆而引起共鸣，你只不过是兴奋剂的媒介而已。不要自我得意，你的当选，与其说是因你的能力，毋宁说因你很听话，你自己有点财力做事，以及你象征性的代表性，你只不过是点缀性的象征而已。

——2020 年 8 月 28 日，北京

有时候需要独自对着茶杯发会儿呆，就不会变呆。前半句是北大校医院某位大夫说的，后半句是我加上去的。一个人的修行，进行时，茶杯是自带的。在寂静的山里夜晚，狗叫是最响亮的杂音，与清晨的鸡鸣是截然不同的。已经是第三天的夜晚了，人只要心中有梦想，就不会觉得孤单，与有心思明显不同的。傍晚走路的时候，终于谋到了一根棍子（前两根都已经给折断了），厚实而且仍留着青气，仿佛生命的余温，自己独自兴奋了好一阵子。

——2020 年 9 月 1 日，北京慕田峪

读惠特曼《致历史学家》。历史学家是帝王与政治或者宗法和社会的导师；大自然最完美的情人不是历史学家，是诗人；只是，

我已经发誓不再写诗。

——2020 年 9 月 2 日，北京慕田峪

王赓武先生从来没有传过任何绯闻，他与刚刚去世不久的王师母相濡以沫，王先生走到哪，王师母跟到哪，包括学术会议，终生紧紧追随，堪称典范。

——2020 年 9 月 9 日，北京

应该至少有三大标准衡量世界一流大学：其一，理论上，一流的师资，一流的学生，一流的科研，一流的图书馆和实验室，一流的智识环境与校园文化，一流的声誉，一流的薪酬水准与资金支持，以及悠久的历史，没有其他。其二，具体而言，世界一流，主要是以牛津、剑桥，耶鲁、哈佛、斯坦福、普林斯顿等大学为参照标准的，没有其他。其三，简单地，如石毓智教授所言，是否有 10 位获得诺贝尔奖的教授，而且主要是在该大学在岗时获奖的。毓智教授学语言出身，没想到这本普及书远远超越了其专业论著的影响。更重要的是，一流大学从来不是关起门来自评的。

——2020 年 9 月 23 日，北京

小时候，我就在这田沟里和山上，抓泥鳅、拾柴火、捡蘑菇。干不了重农活，必做的功课就是放牛、挖地瓜、割猪菜、做饭、扫地，以及把晒的谷子收回家，感觉就像给某根绳子拴住了，永远不能自由似的。

——2020 年 9 月 30 日，安徽宿松

没有人打理的日子，草木野蛮生长。风雨同舟之后，和平安康真好。

——2020 年 10 月 1 日，安徽乡下老家

旭日静静地升起，偶尔伴着鸡鸣的和声。

——2020 年 10 月 2 日，安徽乡下老家

在每一个城镇，自己都是过客。

——2020 年 10 月 3 日，安徽宿松

所谓价值，其实是世俗的附会，因为它原本就一直在那里，无视世俗的喧嚣。

——2020 年 10 月 8 日，安徽宿松

东盟，不仅是中国周边，不仅是亚太、印度洋与欧美之间的交汇地，在关键的节点尤为关键。

——2020 年 10 月 9 日，北京

我是少年，迎着秋风，何惧落叶。

——2020 年 10 月 11 日，北大未名湖

如果迷失，没有自我，没有定律，很可能要么成为羔羊，要么沦为野兽。

——2020 年 10 月 11 日，北京

倩影宜远看，更美好；如同风景，身入其境，靠用心。

——2020年10月12日，北京

不要自我迷惑：在这个时代，认识人很容易，获得专业认可却不容易；在中国，出名相对容易，获得外国专业认可却不容易；在发达国家，平等看似容易，获得专业荣誉很不容易。

——2020年10月15日，北京

光明。与黑暗赛跑，虽然黑夜不可抗拒；与冬季赛跑，虽然岁月不可逆转。

——2020年10月16日，北京

效果。天下本无事，庸人自扰之。所有人都自觉或不自觉地成了戏迷，嘴上喊疼，心里偷着乐。

——2020年10月23日，北京

诗是岁月、社会与灵魂的镜子，哪里都有回归线。青春不用纪念，文人不必寒酸，诗人无须落魄，甚至放荡不羁。

——2020年10月23日，北京

盗图，所以想象；景外，只有迷思。

——2020年10月24日，北京

1994年，我定博士选题时，导师要我不能重复，要全世界范围内不重复。不仅不能重复，而且要找到选题关联性与不同性。当年，互联网不发达，电子邮件"伊妹儿"就是新鲜事物；所以，我只好拿着一堆卡片，一头扎进图书馆，把美国大学亚洲研究博士论文题目与摘要几十卷纸质版通通翻了一个遍，也把二十年来几种国际主要学科相关英文书评也通通翻了一个遍，把阿姆斯特丹几个大图书馆第二手文献背景资料收集好。事后导师又亲自写信给几个国家的学者询问论证，终于才最后敲定选题。然后再去英国做试点研究，回来两个月专门写研究计划，提交给荷兰国家基金会申请资助，前后花了整整九个月时间。

——2020 年 10 月 26 日，北京

我站在成府路天桥上两端眺望，碧空如洗，在午后的阳光下；我站在颐和园路天桥上两端眺望，红旗飘飘，在十月金秋的日子里。

——2020 年 10 月 27 日，北京

没有轻烟，更没有白色的苹果树。

——2020 年 10 月 28 日，河北保定

无论何时何地，人都不能失去基本面，无论"草根"还是"精英"，遑论领袖！基本面，不只是个人的身心健康，不只是性格与性情，更是正能量的价值观。

——2020 年 11 月 8 日，北京

给椰林外飞沙滩的涛声诱惑过来了，情不自禁。

——2020 年 11 月 14 日，广东江门

上川岛是个好地方，对于盗寇、传教士与海外移民研究。

——2020 年 11 月 15 日，广东江门

"一点小小的温柔，一个小小的缝隙，如今繁衍为我人生的全部分量"，清楚记得当初刚进大学时读过一位中老年学人的这样一句诗。

——2020 年 11 月 17 日，广西桂林

一夜之间，相思湖水便满了。

——2020 年 11 月 20 日，广西南宁

刚刚两个半小时的讲座完毕，傍晚经过相思湖，情不自禁。喜欢芙蓉湖，未名湖，云南大学的翠湖，华中科技大学的镜湖，这里的相思湖也非常有韵味。

——2020 年 11 月 19 日，广西南宁

音乐突然传来，吸引了我。一位帅哥，开着玛莎拉蒂敞篷跑车，而且抽着雪茄烟。我立马准备从出租车上拍照，然而车子很快走了。好在平行线堵车有不同频率，我早早准备好，果然抓拍到了。令我想起上世纪 80 年代可乐与麦当劳进村。雪茄不是用来耍酷的，不是在大街上，更不是青年人。

——2020 年 11 月 23 日，广东广州

Illustration（例证）：很多"好学生"，与其说是冲着老师的学问去的，毋宁说其实是冲着老师的位子去的。不好好读书，不把精

力放在经营学问上；出现如此幻觉且幻觉不可持续，却不愿正视。

中国乡下大户人家很多东西，过去曾经是很有品位的。

——2020年11月28日，江西修水双井村

冬日，未名湖，静静的；有阳光，没有萧瑟。

——2020年12月1日，北大燕园

人长得不好看，不要紧，但不能显得猥琐。长得难看，是外在的和先天的，不是自己的错。猥琐则不一样，是内在的和后天的。

——2020年12月2日，北京

历史是文化的：梅州有梅州桥、嘉应桥、剑英纪念桥、梅江桥等七八座桥，其中1931年华侨捐资兴建的梅江桥很有特色。所以，一定要走过。

——2020年12月5日，广东梅州

犹如轻烟飘过：没有历史的沉淀，不是文化；没有自然的覆盖，不是风景。乡下总是比城里更美丽，但是人总是拼命往城里涌。断裂了，就是文化的移植与复制，不是传承与沉淀。

——2020年12月6日，梅州至福州高铁上

因为太多学人无法沉下心来做学问了：太多人，无论年轻人还是年长的人，都在跑学问和经营学问而不做学问，在申请课题而不做课题，在出书而不写书，在交际与炒作而不交流和潜心向学。

——2020年12月9日，福建福州

本义的风水，是文化与品位。

——2020年12月13日，福建福州

河流：网络的虚拟世界里，倘若没有真正的猛料，即使无数次拼命灌水和冒泡，不仅无法掀起波澜，甚至涟漪都不会有，只能成为水军。

——2020年12月15日，福建厦门

为什么在中国，尘埃落定之时，往往都是问题太多、积痹成疾的时候。

——2020年12月15日，福建厦门

身份与认同：白桦树与银杏树，苹果树与棕榈树。

——2020年12月19日，福建厦门

傅斯年先生是中国史学界一座丰碑，享年才54岁。如此盛名，对比当下，不过仅够中青年之格而已。

——2020年12月20日，福建厦门

游思与随想六

鼠年：闭过关，上过山，下过乡，听过海，品过茶，走过了风风雨雨。牛年：不求风风火火，但愿安顺祥和、人间和平，足矣。

——2021 年 1 月 1 日，北京

口号与标签：新文科不是口号，是践行；跨学科不是声明，是展现；田野调查不是时髦，是收集资料的手段与研究过程；历史人类学或历史社会学，不是标签，是跨学科训练、立意行文与布局谋篇的渗透性呈现；理论方法论，不是意识形态，是学科研究与项目研究的嵌入性支撑；论文，不是作文；论著，不是编著；论战，不是口水；其他等等，同理同情。

——2021 年 1 月 12 日，北京

美国有线电视新闻网（CNN）默克尔瞧特朗普表情图片有感。我曾经这么看着您，不说话，您完全不理会，也不懂我的心思。我仍在位，勤勉克己，奉公理政，您却早已如丧家之犬。纳闷了吧，想想看，到底为什么？讲了您也不懂，因为我始终有底线与敬畏、伦理和定力啊；在心里，而且是信仰。

——2021 年 1 月 16 日，北京

著作等身。书出版之后，白纸黑字，如果是技术性错误，如错别字、语法等，伤口历历在目，永远痛心。如果是大面积硬伤，如材料、观点、视角、学科训练与布局谋篇等粗制滥造（遑论抄袭），则简直就是豆腐渣工程展示在那里，自己给钉在耻辱柱上，永远不得翻身。所以，此种意义上，所谓著作等身，在当今世界，如果不是编书，简直就是给自己挖坑，如果不是天才。

——2021 年 1 月 19 日，北京

不是有感。如果说冬眠是一种生存适应，那么休耕休渔烧芭焚秸秆则是一种调适应对。三季稻总不会比一季稻的米好吃，放养的禽兽始终会比圈养的禽兽鲜美。主观是客观的反映，西洋是东洋的方法，别人是自己的镜子，外面是里面的尺度。比较与多元，开放与包容，既是方法，也是境界。无论是坐井观天，还是管中窥豹，或是目中无人和自以为是，显而易见都是极端。学人与非学人，最大的不同是对狭隘与自我、自然与社会的认识，克服和超越。不是个人修养问题，而是学养和职业操守问题也。

——2021 年 1 月 20 日，北京

明清课题，无论专业还是非专业，之所以令人兴奋，不仅在于是近现代的问题，不仅在于是关内外的问题，不仅在于是海内外的问题，不仅在于是中华民族大家庭的问题。

——2021 年 1 月 21 日，北京

有一种诗歌，从来就不是个人的、情绪的和娱乐大众的，正如

有一种音乐一样，虽然都是一样的满怀激情和深情。

——2021年1月21日，北京

台面：有时候，本质上，祭祀是最娱乐的嘉年华，政治是最情怀的诗歌，理论是最学术的哲学，历史是最实用的经验，权力的排场简直就是大佬的江湖 —— 关键不是台面。

——2021年1月22日，北京

不是感慨：长期的制度化政策层面的过度拔高与吹气灌水，造成了中国科技界的虚火太甚，名不副实，终于积习成弊，有了理工科的超级打假的困境。坦白而言，个人内心佩服饶毅。反躬自问，在专业市场上，必须承认，我在国内写作远远比英文写作小心谨慎；一直遵守不写商榷、论战的文章，遑论指名道姓。除了铭记穷则独善其身和不招摇撞骗的座右铭，主要因为我不相信愚公移山，不相信精卫填海。除了谨守不个人攻击与不落井下石祖训，还因为我只相信大浪淘沙，只相信洁身自好。

——2021年1月22日，北京

误解。"predictable"根本不是文中字面暨以后大段阐释的意思："他是个predictable（可以预测）的人"，而是正面、肯定的意思 ——转义是说，这人很正常、很靠谱 —— 最有力的反面理解，是说某人"unpredictable"。不要想当然误解。

本来是专业市场与科研体制主管的分内之事，变成了科学家之间，尤其是海归与海外科学家之间的争斗，说明咱们的某些制度处于赶不上时代要求、需要迫切改变的状态。政府与机构不要只是踢皮球或当旁观者。

——2021 年 1 月 23 日，北京

窃以为，决定学人与学人之间质的差异，除了思维方式，重要的还包括见识与境界、判断力与标准。

——2021 年 1 月 25 日，北京

并非每位学人都要成为公共知识分子（否则既不务正业，社会也乱套），并非每位学人都有资格成为公共知识分子。

——2021 年 1 月 26 日，北京

北大的外籍"石头"爷爷。生命的意义。不同的人生阶段与不同的文化体验，尤其是跨越代际的与族群的，应该是截然不同的，汇合成完整的一生，不同的人生。校园是学术的，也是文化的；是老师的，也是学生的；是社会的，也是国际的。大学是求学问道的，也是文化交流的；是天地万物真理的，也是文化艺术关怀的。山野、空地与园林之间，最美是大学的校园，不仅因为有实验室、图书馆和教室，而且因为有运动场、剧场和草坪；不仅因为充盈着青春与文化，而且因为是五湖四海和常维新的，还因为永远有无限丰富的宁静、激情、渴望、包容和可能性。能否发现、能否感受、能否传播、能否实现，在于你是否真正理会到大学与学人的真谛、科学与文明的奥秘，在于你是否拥有一颗热爱与关爱的灵魂——超越自私与自利、霸权与傲慢、狭隘与偏见的灵魂。谨以致敬！

——2021 年 1 月 26 日，北京

帽子与头衔：我只知道，世界最顶尖大学的校长和教授，署名的时候一定是专业的和职业的头衔第一：××大学教授、校长，而不是本末倒置，××院士、校长第一；从来是以介绍专业研究方向与专业代表作为重点，从来不是罗列一大堆啥人才帽子和委员会职位。我只知道，真正的学人一辈子属于自己的不是教授职位与领导岗位，而是博士学位和研究成果。我还知道，历史不仅是过去的，而且是长时段的和几十年后再看今天的。经得起圈子之外、大学之外、国界之外、代际之外审视的学术，才是正常的回归。宣传从来出不了学问，数字、位子、票子和帽子同样如此；山清才能水秀，心正才能眼亮，人也才会站得正。

——2021年1月27日，北京

急功近利的时候，大都是本末倒置的时候。写作固然需要干净、精练和文采，然而最重要的高附加值是证据与材料、视角与分析、思想与创新。学人固然需要传播平台与共同体，然而最重要的核心是学术专业兴趣与市场产品。靠化肥、农药、添加剂与广告包装的短平快，永远替代不了基于水土、种子、阳光、温度、材质、技术等基本要素之上的精心培育。事件与进程、碎片与框架、技巧与学养、材料与纹理、机关与人文、个性与整体、历时与共时等的有机结合，才是一条无法最终回避的、止于至善的天涯路。

——2021年1月29日，北京

黑夜是最好的调色板，白天是最鲜活的博物馆——可都是一样的玩意儿。如果再加上音色、人、心情的烘托和距离（包括文化的距离）的想象，还不知变成啥呢——这是昨天傍晚出去与回来后刹那间的华丽转身。

——2021 年 1 月 30 日，北京

学人与学术的基本面向应该是专业机构，而不是非专业机构；应该是专业同行，而不是非专业同行；应该是专业学刊与出版社，而不是非专业学刊与非专业出版社；应该是向上的高标准与向外的专业市场，而不是向下的低标准与向内的小圈子。这些才应该是高校内涵式发展的奠基石。

我们重视翻译介绍，大于自主创新；我们重视洋人的英文著作，大于重视国人的英文著作；我们重视国人中文的对外翻译出版，大于重视国人的外文翻译出版；我们重视领导与大佬的个人判断，大于重视专业的同行评估；我们重视学术的传播与平台，大于重视学术的批评与切磋；我们重视自己的圈子与动态，大于重视专业的圈子与动态；我们重视著作等身的重量身名，大于欣赏出类拔萃的质量精品；我们大学的研究所基本是扩大的自留地与自导自演的国际化，而不是真正开放、多元并蓄的跨学科汇合与激流；我们的专业学会领导几乎清一色是单位领导或前领导，而不是群众身份的专业学人。这应该同样是客观事实。学界江湖，学人不易。

——2021 年 1 月 31 日，北京

对别人的重要观点故意隐蔽，视而不见，这种掩耳盗铃式的作假在学术上才是最有危害性的。

——2021 年 2 月 1 日，北京

对照、反躬、自省：我不敢妄称自己是一位出色的学人，但我敢于对自己说，"出道"至今，我所有的写作都是经过深思熟虑与反复打磨的，都是注重研究程序与基本过程的，都留有自己的血脉印迹和贯穿自己的个性风格的，从来没有"剪刀加糨糊"，更没有"出过老千"。

——2021 年 2 月 2 日，北京

立春：年轻的时候，春风写在脸上；年老的时候，春心藏在心里。

——2021 年 2 月 3 日，北京

如今可以坦言交代了，我一直没有炒作，也没有炒剩饭。1993 年到 1994 年我选槟城与吉打州的海外华人商业网络作为博士论文课题时，国际学界还不热或者刚刚热，而且仅仅是关注当代的，不是历史的与跨国的。我的博士论文正是直接以"华人家族商业网络与马来属邦的形成"为题。1999 年做完博士论文后，我就再没有重复撰写"商业网络"的热门文章与时髦课题，立马抽身，没有继续赶趟，虽然国际学界与国内学界最近几十年一直很热 ——我更关注移民与国家形成、长时段变迁的关系。有博士论文图为证。

——2021 年 2 月 4 日，北京

政治，都是讲究实力和效应的，不是个人喜好与否；民主，都是指责对手的不好，大讲自己的好；单位，都是大讲自己的好，不讲个人的不好；广告，都是推销外在的好，不讲里面的不好；骗子，都是先给予你所有的好，不讲自己最后一刻要命的不好。

——2021 年 2 月 4 日，北京

　　泥瓦匠会建房，却不是建筑师；裁缝会缝制衣服，却不是服装设计师；厨子会烹饪，却与星级大厨不可同日而语。巫师、江湖术士与医师都能给病患带来安慰与希望。巫师与医师的差别在于，前者基于宗教与文化，后者基于理性与科学。而江湖术士与巫师的不同在于，前者是靠欺骗愚弄少数愚昧之人，后者依传统拥有一大批香客。不要以为会写期刊文章的学人就是好学人，不要以为凡是学人写的书都是专业书籍。

　　从这种意义上理解，学与术、学与习、学与科之间，工与艺、技与巧、文字与语言、表达与思想等区别与联系，或许会使咱们人文社科学人养成基本的职业操守与判断标准的共识。也许那时候，水就清了，天就蓝了，山也绿了，空气也新鲜了。所谓风清气正是也。

——2021 年 2 月 4 日，北京

　　兵法曰：知己知彼，百战不殆。这是自省与内观与否的不同维度。何止兵法，能否具有同理心与同情心，同样如此。是谓：儿童最大的敌人是外部世界，成年人最大的敌人是自己。

——2021 年 2 月 5 日，北京

　　一位法国画家笔下的田间地头。在这个民粹与霸权、混沌与变动的世界里，还是这里令人宁静而温馨 —— 不管是不是片刻，也不管是否真实，只要满脸无邪的欢乐是真的就够了。

——2021 年 2 月 5 日，北京

纯属自省与反思：大学就是大学，学术就是学术。无法引领学术创新时，学人不要转移主战场，以民粹与附庸迎合的非专业的方式改头换面。无法直面学术问题与标准本身时，学人更不要转移专业原则和操守，以文化的与行政的霸权改变游戏规则。——除了亵渎学术与真理，这才是国家与民族最不能容忍的欺骗和忽悠。虽然有国家民族政治与历史语言文化的不同，但大学之所以是大学，学人之所以为学人，正是在于其universal（普遍性）原则共识，是谓university（大学）也。

——2021年2月7日，北京

谆谆教诲。1999年10月4日，导师发给我她在我博士论文答辩时的正式"speech"（发言），邮件中特别针对我提了两条主要建议：其一是关于历史是什么的问题，其二是关于比较与理论的问题。当时，我立马打印保存了下来。这两个建议二十多年来我一直用心体会、身体力行，好长时间后才慢慢找到感觉。否则，很可能我会在随后的新加坡国立大学两年的博士后经历里（我几乎从来没有对外说过我毕业后做过两年博士后），基于功利性地立马再写一本书，而不是选择一条更漫长、更辛苦的学术之路。下次与老师见面时，我一定会当面给她看这份文档记录。

——2021年2月10日，北京

立春与秋末：同样的地方，同样的人。如果说关联是意义的重要参照，那么变化则是季节的基本维度。

——2021年2月13日，北京雁栖湖

不是愚人节。大学里，没有动手的机会，只有受教的时间，我就只好玩不同语言、不同文化符号对于同一事物的标识解读的异同游戏。所以，我不少时候，写文章后面注释英文，不是从别人那里直接翻译过来，而是自己一种另外的注释，为了不会被误解。所谓成长，不仅是 visible（可见的），而且是 invisible（无形的）；所谓成年，不仅是 physical（身体的），而且是 mental（精神的）；所谓成熟，不仅是 individual（个体的），而且是 sociological（社会学意义上的）；所谓成才，不仅是 intellectual（智识上的），而且是 professional（职业上的）。

——2021 年 2 月 14 日，北京

闽江公园补记。怀念地瓜叶与地瓜稀饭，可能是因为太久没有吃过地瓜叶和地瓜稀饭。是谓人的不同，境况的超越。离开的时候，以及离开之后，大概会特别怀念所离开地方的好与不好。抵达之后，以及适应新环境之后，或许才会客观评价原来的不好与现在的好。田野里的香蕉树与城市公园里的香蕉树，本质上是一样的；不一样的是，前者用于消费，后者用于衬托。是谓植物园与城市公园不同之处。其实，关乎审美价值的却是城市与乡村之间底蕴的反差。艺术品固然需要工匠制作，然而工匠制作的东西至多是工艺品，与独特创意与超越涵韵的艺术品终究是不可同日而语的。

——2021 年 2 月 15 日，北京

天气、景色与心境：心怀梦想的时候，远方就是梦想，而不是庇护与逃避；心怀美好的时候，诗就是音乐与图画，而不只是宣泄的出口。记得大学本科读罗素的时候（现在敢承认，为了赶时髦），

除了思维的跳跃与表现手法辩证的迷人外，最深刻的两点依然记忆犹新，大致是：其一，哲学家与哲学教授，以及文学家与文学教授，虽然彼此关联，却是质的不同；其二，真正的学人，虽然本质上是开放与包容的，但对于自己深思熟虑的观点，或者对于自己深信不疑的学说，一旦认定，就固执己见，而且肯定是比一般人要固执得多。

——2021 年 2 月 15 日，北京

发朋友圈：对于我而言，发朋友圈是为了确保自己不痴呆；不发朋友圈呢，则是为了表明自己有定力。

讲一个段子，1993 年 9 月中我初次抵达异国他乡时，作为文科学人，我单身，最年轻。一年之后，研究院执行主任 Hans 终于推心置腹地告诉我，大意是，你怎么与其他亚洲大学来的访问学者不一样，他们对我们从来是巴结与讨好，而你却经常敢于对我们大声说不。随后，不忘加上一句外交辞令与个人友谊，我们就是很欣赏你这点。多年之后，继任的执行主任 Jose 则又对我说（此处省略）。

——2021 年 2 月 16 日，北京

兴趣如果不是发自内心，兴趣就会异化。当人是虚的时候，名一定也是虚的；当名是虚的，人也实不了。

——2021 年 2 月 17 日，北京

世界上就是有那么一些学人，内心真的是如此纯粹，以至让很多国人无法理解，包括很多学人也无法理解。如果说这些学人曾经

在乎名头与头衔，那绝对首先是出乎对于所从事的学术职业与专业荣誉的深深敬畏感，出乎崇高的信任与信仰，而不是别的。其实，这本应该一直是科学与学人、专业与职业、国家与学界的基本价值法则。当这些荣誉发生异化时，学人走过了自己的初心，也就云开雾散、不再在意了。如果社会继续误解这些学人，不仅是对他们本身的贬低，而且是对学术的玷污。

有些人就是与众不同，不仅是傲气，而且是骨气。几十年来，自觉或不自觉地远离泥潭，不玩潜规则，回想起来，作为学人，不止心安，真的特别庆幸。

——2021 年 2 月 20 日，北京

如果说学术的尺度是时间与空间的，如今至少有两层最重要的含义：其一，经得起时间与空间考验的学问，才是经典的和有意义的学问。这一点，凡是学人，人所共知。其二，是指学术与学术创新的标识是时间与空间的，而且是无限边界的时间与空间的，或者说超越族群、语言、文化与学人人生等边界尺度的，更加广阔与更加超越。这一点，遗憾的是，很多学人都没有自觉意识到。

——2021 年 2 月 21 日，北京

所谓庇护与出口，在高山，是峡谷；在岛屿，是港湾。2005 年，我在新加坡国立大学亚洲研究所客座时，办公室邻居的访问学者是来自荷兰莱顿大学的××教授，英国人也。记得他对我说的一句很深刻的话：你们中国学术市场那么大，根本不要英文发表与国际化便可以生存得很好。他说此话时没有一点调侃的意思，却令人刺痛：要么他有典型的英国佬式傲慢无礼，要么他本人是典型的三流边缘

学人。他的话，虽然令人刺痛，却是切中了一个国家层面的事实与悖论，值得深刻反省。对于大国学术与学人而言，市场生存是一回事，而学术创新与国际化则是另一回事。同样地，任何国家和社会固然需要标准的教科书，而且这种公民教育与高等教育的教科书需要定期和高质量地更新，然而对于几代学人而言，教科书式的学问是一回事，专题研究则是另一回事，两者永远不能同日而语。

——2021 年 2 月 22 日，北京

去年，某出版社说要我提交书目大纲与我签合同，出版我的下一本书，当时我在外地出差，没法正式回复。这本书，就像我的诗集《燕寨集》一样，也是花了我一辈子的时间积累的。书名《行走的历史》节前就已经确定，今晚，就算正式答复，先向各位同人先进推出。书中配有两幅图片，是我 2018 年 7 月底一个人独自在新西兰南岛一周旅行所拍。返回奥克兰的前一晚，我在基督城漫游，街头请人拍照留念。一位女士突然却不请自来，然后一帮人过来了，他们说是来自澳大利亚、英国、美国和加拿大的亲戚朋友。我与他们之间际遇是前后不到 10 秒的"化学反应"。

人类世界与知识谱系，好似一望无际的原始森林。学术探索，犹如学人进入浩瀚茂密的原始森林，没有地图，没有路径，也没有明确的目标标识，然而整个原始森林万物却又像图书馆目录一样，井井有条、细目有序，却又不会令探索者一目了然。当你以为找到了属于自己的发现时，实际上事后只要经过论证，就会发现这些原来早就是属于别人碗里的菜，已在浩瀚无边的人类文明图书馆里做了明确的标记，以不同的语言文化符号和明确的年代标识，做了专业的发表。所以，你以为是大发现，实际做的却是

无用功。学人的研究，就是在这样貌似无序、混沌的原始森林里，寻找到真正属于你自己的知识产权发现，然后留下同样的标识记号。这里，自然科学相对明确，没有文化、语言与国家的边界障碍；人文社会科学，则有些不然，所以在很多欠发达的国家，人文与社会科学以政治霸权与文明差异的方式，产生批判、抗拒、否定、排斥、悖论、反差和异化。

如果你错过了春耕，当然就不会有秋收。如果你本来就没有追求真理的初心，怎么会成为一位厚德载物、止于至善的学人呢。既然在成长的关键期，你没有汲取天下之气，那么在成熟的生产期，你或许有的是经验与见解，但怎么会有发散、开放、锋利的思想追求和丰富的想象力呢。

——2021 年 2 月 22 日，北京西郊

人为的自然，不仅是风景，有时候，还是艺术，只要是阳光灿烂的日子。

——2021 年 2 月 25 日，北京

春雨。有格局，才有高度；内涵，固然决定高度；差异的根本，名为高度，实为格局。隔行如隔山，如果是无法逾越的高山，山这边永远都不会懂山那边的无限风光与山这边的狭隘的，而只会一味沉浸在自己的天地孤芳自赏。同行之间，何尝不是如此呢。春雨下了，对于塞北，总是令人欣喜，内外终于要焕然一新了。这才是春分应该有的样子。然而，江南的雨，有时候却又太密，以至令人发愁，年轻人的愁。

——2021 年 2 月 28 日，北京

有感最"骚气"画家黄永玉。这里，无论是男人的骚，还是女人的骚，才是真骚 —— 令人艳羡的、真性情的、始终如一的风骚！它令世间太多的各种狐骚 —— 无论见得了人的，还是见不得人的骚 —— 显得多余做作、俗不可耐、相形见绌、自愧不如！不过忍不住说，遗憾的是，推文标题太过肤浅庸俗浮华，配不上这种内在的、沉淀的骚气。

——2021 年 3 月 3 日，北京

学人的批判。人老了，总容易犯糊涂，包括学人。批判，不是打倒或者否定，更不是破坏；不是颠覆或者革命，更不是排斥抗拒；不是站队或强加，更不是谩骂或者人身攻击。对学人而言，除了求真务实、客观公正，批判，更多的时候，不是政治的手段，而一直是基本的职责操守；它不仅表现为一种智识能力，更体现出一种良好的、积极的智识状态与方法 —— 质疑、不偏信，怀疑、不轻信，以及审视与超越、挑战和完善的状态与方法。依附的、奴性的学人，没有独立性、没有自主性的学人，没有操守、没有关怀的学人，没有超越、没有境界的学人，是不会有专业批评能力的。不能批判的学人，八面玲珑的学人，极端个人攻击与以政治批判为能事的学人，投机取巧的学人，与此无关，是还不够格的那种。批评，需要以健全的个人性格与智识修养为前提。所以，这里，批判，对学人而言，更与专业的、职业的学科训练密切关联，并非所有学人，都具有此种专业资质和欣赏能力。

——2021 年 3 月 4 日，北京

读某一本书有感。世界是平的，却依然充满不同层级的、不

同等级的边界 ——地理的、行政的、经济的、社会文化的、语言的、族群和政治的边界，等等。对于人类社会共同的学校教育、市场产品与专业资格，唯有坚持严格标准与程序公正，才能得到不同地方、不同族群和不同语言文化的认可，特别是超越边界的高水平层级的认可，而不是反其道而行之。如果是后者，那么只有一种可能前提，即内部机构就是最高水准的，并且其本身是超越内部的。而问题是：内部机构的专业认定往往都会牵涉政治与人事 —— 而且不是专业行政管理意义上的政治与人事。所以，世界上，大凡持续的专业的市场标准规范基本上都是超越政治与内部机构的，都有一套自身的基本的专业标准与价值观 ——超越不同地理、语言、文化与政治的价值标准。

——2021年3月9日，北京

城市的音乐。站在天桥下，又见真实的咔咔咔咔。既像几十年前早晚乘坐的伦敦地面的地铁声，有如多年前一部法国电影穿插的天桥下火车反复通过的场景，遑论上世纪80年代某部台湾电影中一样的火车声 —— 都是都市，都是现代，都是转型，都是火车咔咔咔咔。

——2021年3月9日，北京京张铁路公园

面对同样东西的反差和悖论，移位和迷惑性也有一样的轰动效应；不同的是，有的学人能够同时俘获两大受众群体，有的学人却只能是在非专业群体中忽悠：audience and endorsement（观众和认可），common people vs scholarly community（大众对学界）。

——2021年3月10日，北京

感情与激情之间。感情，是私人与个人的维度，每个人都有；激情，虽然也有个人的特质，然而却是满满的兴致与超越私人感情的热爱，并非每个人都有的。对学人而言，感情的升华与超越，应该就变成了激情。

——2021 年 3 月 14 日，北京

似是而非的正确判断，不仅如此，很多人还为此非常自负。"category mistakes"（类别错误），很多人都会陷入这样的日常认知陷阱，如同不知大学作为"buildings"（建筑群）与大学作为"institutions"（机构）的根本性不同。

——2021 年 3 月 23 日，北京

那一道光线，特别明亮，那一刻。

——2021 年 3 月 29 日，北京蓝旗营

愚人节：为什么提问题非常重要？我认真地自问自答、自娱自乐 —— 这是因为：如果不会提问题，你会不知道你的问题到底在哪里；如果不会提问题，你更不会知道到底哪些是你自己的问题、哪些是别人的问题；如果不会提问题，特别是核心问题与系列问题，你将会失去框架性驾驭、方向性指引、主题性要旨，以及系列的技术性切入点；如果不会提问题，你的理念、思路与答案，无论你怎么声明与表白，将不会得到很好的智识检视和专业论证，更不会确定你的东西到底有啥不同之处；如果不会提问题，你将不仅不会有很好的、专门的、属于你自己的却是可信的答案，更重要的是，你的答案，只能是朴素的、自发的甚至是想当然的，没有

思想、没有过程、没有思辨性，因而也会自然而然地没有了想象力、创新性，遑论锋芒与闪耀；最后还有，如果不会提问题，你会变成别人的（尤其是权威的）附庸，失去清醒的认知和超越的意识！—— 我不只是自言自语与自娱自乐。

——2021年4月1日，北京

羊头狗肉。话语权分几种，即以专门学说为依托的话语权，以专业机构为依托的话语权，以专业身份为依托的话语权，以专业传媒平台为依托的话语权，等等。究其实，都是依托几位一体的内核公信力的。现实中，有多少的专业代表性是以象征性点缀，或异化或分裂的胡说八道方式，透支或掏空专门学说、专业机构和专业身份的公信力的。专门学说、专业机构、专业学者与专业媒体，与××学人名字搅和在一起，以致分不清到底是在乎学人本身的代表性，还是在乎专业学说、专业机构与专业媒体的代表性。反正只要××学人乐意充当工具性、点缀性与附庸性代表就可以啦。反正都是各投其好、各有盘算，至于是否名副其实、胡说八道，没有关系、不要紧的。在乎的不是××人，而是××人背后代表的东西。所以，异化与透支啊，严重作弊。所以，网红啊，一点不脸红。哪里都有伦理与行规，专业学界也不例外。专业资质与标准，是不可逾越的基本专业底线，不仅是专业的，而且是社会的和国家的底线。可学界偏偏很多情况却是：每每许多重点课题、重大课题与重大奖励，凡是能够抢到手就以为可以称王，而不论是否够资格做好课题、获得奖励，遑论课题最终完成得怎么样，是否名副其实、实至名归，以及是否会自不量力而贻笑大方。每每看到这些，不仅为国家痛心，而且为中标学人担心 —— 这不是明摆着让自己白纸黑字钉在历史的耻辱柱上而遗臭万年吗？不自知，竟然扬扬得意。大学最美丽的风景是教授与学生、图书馆与实验室、教室和操场；大学最有内涵的底蕴是校园文化，让老师与学生心无旁骛地求学问道、求真问学的文化底蕴；社会净土是内圣外王、是非分明、实事求是、公平公正与诚实守信。

——2021 年 4 月 5 日，北京

天气晴朗，中午：世间有很多东西，其实一直都在那里；无论你发现与否，他们都在那里。发现不了，是常态，也是局限，认知的与技术的局限。发现了，是见识，更是发明。世间还有很多东西，成文的与成型的东西，其实也一直都在那里；在那里静静地，甚至是闪耀地存在着。无论你喜欢与否，或者承认与否，它们都会永远在那里。看得见，是见识；看不见，是愚昧。视而不见，是自大；假装看不见，既是漠视，更是自欺欺人。世间，很多有意义的东西，无论是自然的，还是社会的，或者文化艺术的，成文的或不成文的，它们都永远在那里；以自己的排列方式与标识符号在那里，永远都会在那里。

——2021 年 4 月 6 日，北京

重做一回大学生。刚刚一直在想，为什么有"作家"没有"学家"，却有"学阀"和"学霸"，还有"汉学家""藏学家""哲学家"啥的？为什么"学霸"是褒义，"学阀"却是贬义？为什么说"学者"的时候，有人却倾向于用"学人"？为什么"学生"的用法总是与"学者"相对应，其实"学生"与"学者"，都有"student"的一样专业研究含义的？为什么可以用"作家"和"写手"，而不可以用"作人"呢？虽然我知道有一位大家叫周作人。为什么"作家"与"作者"，很多时候完全不是一回事，有些时候却实际是一回事呢？为什么"老师"与"师傅"经常混用，老师就是师傅，师傅就是老师？还有，为什么在大街上被称为"大爷"，很多人心里会很别扭，无论他们是否是大爷？反过来，为什么自称"大爷"的时候，却要理直气壮呢？等等等等 —— 为了自己不老年痴呆。

——2021年4月6日，北京

印刷资本主义。你不知道我，或许是真的，但并非意味着我不存在。实际上，我始终在那里，远在天边，你看不见罢了。我们之间隔着的，不仅是时间与空间的漫长距离，还有语言与文化的遥远时空。你不知道我，可能是假装的，但并非意味着我的不存在。实际上，我始终在那里，近在咫尺，在看着你呢。我们之间隔着的，不只是你的不诚实与视而不见，还有我的摇头叹息。无论你是否知道，我都在那里，永远在那里。无论你是否引用，我也在那里，永远在那里。但我知道，知道你的坐井观天，知道你的故意回避，知道你的刻意自我包装。印刷资本主义，不仅是传播，知识的传播，也是imprint（版本）的刻度标识，时间的与机构的；还有审视和存储，专业学界的审视和专业图书馆的存储；同样地，也超越了时间与空间、语言与文化、族群与国家的疆界；当然，还有隔阂与霸权。

——2021年4月9日，北京

易中天。我从来就不觉得易中天是位专业学者，几十年来一贯持如此立场。然而，并不意味着我不承认，易中天不是一位奇才和艺术表演家（注意啦，不是表演艺术家），而且应该是一位很能煽情却又一本正经的、很大胆的却又有底线的、有反角的却不失情怀的那种艺术表演家 —— 反过来，亦如此。我相信，易中天心里一直清醒着呢，只是不知他是否是刻意的。这大概是易中天很久以来如日中天的原因吧 —— 不能不承认，他很接地气，却没有戾气和俗气；不能不承认，他很讲分寸，却又显得不屑一顾、不留痕迹；不能不承认，他很懂表演，却又不是胡说八道、厚颜无耻；不能不承认，他欲迎还拒、心猿意马却还不留痕迹、不落俗套。高就是高！ —— 这是我第一次转发易中天的朋友圈，也是第一次如此评论。

——2021 年 4 月 9 日，北京

研讨课上，一直与硕博研究生们反复强调，这里再次共勉：在当下中国学界，与上世纪 80 年代状况的一个根本性不同点在于，对国际学界同人与著作，认识不等于熟悉，介绍不等于研究，列举不能代替专业评论，跨学科一定要有深厚的本学科专业基础，否则就是四不像。不要花哨，不要轻浮，不要迷失自己；要有个人定力，要有尊严，要有专业定位，要有专业操守。

——2021 年 4 月 14 日，北京

赋权，不只是效果。制服，让不是执法的人好像执法官员；礼服，让不能登大雅之堂的人好像淑女绅士；仪式，让不怎么高尚的人事显得有点高尚；典礼，让名不正言不顺的事情看起来牛气烘烘。

——2021 年 4 月 15 日，北京

　　看着静园的青年男女，唯有美好。当商会与学术联姻，就变成了民间智库。当会所与艺术挂钩，就变成了博物馆和休闲馆。如果庆典与大学挂钩，就变成了登堂入室。然而，学术这玩意儿，终究是忽悠不了；即使有文学的包装，也是无济于事的，最多只能吸引眼球。大凡学术，最明显的专业特征在于语言与呈现方式是学术的，不是其他非专业的。如果太过政治化，或者太过私人化，都不属于学术类，无论教授或学者与否。几乎所有的书目都是令人眼前一亮、引人入胜的，只要稍微用心，便可广而告之，但是内容实质却绝非如此。几乎所有的书都可以做得非常精美，只要有技术与金钱，但是很多书却不是好书。如果作文都写不好，遑论论文了。如果没有理论与方法论的学科训练，论著通篇最多只能是声明与观点，而不会是学理论述、分析与论点。

——2021 年 4 月 17 日，北大燕园

　　身份。何谓身份，就是姓名、性别、出生地、出生年月，以及国籍。再问，就是族群、宗教与语言归属。又问，就是家庭出身、学校教育与职业职位。细问，就是家庭背景、亲属关系、学校类别、专业行当、师生传承与职业表现。继续问，就是生在什么样的时代和什么样的家庭，长在什么样的地方和国家，学在什么样的学校，交的是什么样的朋友，读的是什么样的书，以及有什么样的爱好。还可以问，你长得咋样，做得咋样，想得咋样，性格咋样、品性咋样。不用问的是，身份啊，是你与我，内与外，长与幼，高和低，贵与贱，精英与草根，美与丑，黑与白，等等，等等。

——2021 年 4 月 26 日，北京

有趣的灵魂都有骚气。

——2021年4月27日，北京

昨晚的理教。夜晚是光明的，学生是充满希望的；艺术是使人慰藉的，艺术家却是忧伤的；小丑，如果是艺术舞台表演，是滑稽而令人开怀欢笑的，如果是现实舞台呈现，却是滑稽而让人耻笑的；学术是崇高的，学人是有风骨的，都是因为有敬畏、有原则、有操守、有科学、有批判、有关怀、有激情、有奉献精神。

——2021年4月30日，北京

不是思想，不是感慨：生命太短暂，专注做好自己热爱的、经得起时间与专业审视的事情，永远比浪费于每日无谓的、低级的和没有敬畏之心的事情，要重要得多、有意义得多。

——2021年5月2日，北京

都是一样的热血沸腾、活力四射。从前，青春是政治的、革命的和集体的；如今，青春是社会的、人生的和个人的。年轻时，青年节是反省的日子；年老时，青年节是祝福的日子。五月，不只是鲜花；鲜花，总是季节的。只要年轻，就是美丽的，尤其是在不对称的关系里。真实而准确的价值判断，总是依据同龄、同行、同质等对称基本维度的参照；当确定价值评估的人与事都不对称时，就是政治与人事。

——2021年5月4日，北京

学术，既有鲜明的时代烙印，又是超越时代的。所以，学术能够称之为学术。经典，是超越时代的，也是超越学人的。所以，经典能够被称之为经典。很多学人，包括大佬，很多学术，看似光鲜和热闹，其实，严格意义上，都不能称之为学者和学术；看似时代弄潮儿，帽子多多，头衔多多，其实早已经实质性被时代淘汰出局，多年后再回首，将惨不忍睹。社会科学的著作，如同自然科学一样，之所以强调论文及时发表，是因为世界变化太快，研究更新也很快。如果没有及时发表，就会过时，在专业市场上变得没有意义。所以，社会科学的博士论文，国际惯例是，如果三五年内依然没有找到大学或学术出版社出版，就不会有学术专业的价值。在这种意义上，最能够经得起专业审视的、成为经典著作的，主要是中长期研究，尤其是历史学研究。当然，一流基础性的、范式的、建立在厚实经验材料与个案基础之上的理论研究著作除外。

——2021年5月7日，北京

对"老外"而言，一个严肃的基本原则是：对于中国或中国人，是不可以随便开玩笑的，尤其是在正式场合。这是有深刻的历史情结的，也是一种基于历史情结的基本文化特征。其实，所有的幽默与玩笑，从来都是发生在内部的、熟悉的和相互理解信任的人之间的。否则，就是被视为侮辱性的，所谓开玩笑或幽默只是借口。你懂的。

——2021年5月9日，北京

一流的师资，始终是超越的和与时俱进的。超越，指的是超越代际的与利益固化的局限，从改革破除妨碍发展的过时僵化思想和利益板块顽疾果断切入。与时俱进，指的是立足国家发展战略与世界发展潮流，面向未来，从真正提升核心竞争力上下功夫！

——2021年5月12日，北京

吉打河，吉打酒店，美好的回忆。1996年田野调查时，我几次分别从槟城和吉隆坡长途跋涉，北上吉打首府亚罗士达。记得第一次去吉打时，是已故马来西亚谢文庆教授亲自开车，过居林（Kulim），瓜拉姆达（Kuala Muda），最后抵达首府亚罗士达的州档案馆。熟悉情况后，我住在前首相马哈蒂尔出生地斜对面的三星级酒店，第一次一住就是45天。文庆老师自己则独自一人开车长途返回槟城家里，并给我留下了很多菠萝蜜。我每天白天去档案馆，与档案馆工作人员马来朋友熟悉后，他们竟然信任我，让我拿着厚厚的十来卷苏丹通讯录到大街上复印。晚上，则一个人到一家华人餐馆叫上三个菜，一边看着外面的风景，一边心里念着荷兰导师对我鼎力支持的好：我1994年第一次去英国伦敦做研究时，老师给我找了4000荷兰盾（合2万元人民币）研究经费，突然觉得好有钱；1995年，我在伦敦的3个月，给我找了1万荷兰盾研究经费（合5万元人民币），这次觉得更有钱。荷兰导师的理念是，我在外面做田野，don't have to live luxurily, but at least must be comfortable（不用过得太豪华，但至少一定要舒适）！所以，这样才能让我专心做研究、放松自己。感谢老师的一贯信任，让我能够野蛮生长。

——2021年5月19日，北京

所谓过程，是应该走过的程序始终以最富有想象力的方式面对、设计和认真走过。所谓不屈的灵魂，是无论如何都永远无法令它低头的那种内在的秉性与高贵。所谓读书，绝不只是文人的闲情逸致和风花雪月，也不是个人的信马由缰、舞文弄墨。所谓生活，不仅是本该经历的东西如果错过始终会留下印记，而且是个体非常的沉寂与非人的承受依然不会成为分裂的人格和扭曲的人性。

——2021 年 5 月 20 日，北京

手机显示，电量过低，闪光灯不能使用。我心想，其实，我根本就不需要你闪烁！

——2021 年 5 月 20 日，北京

人穷点，不要紧，关键是不能志短，不能失去判断力；人固执点，也不要紧，关键是不能狭隘。记得大学时读小说与传记，都是关于穷开心与穷浪漫的真实故事。也记得大学时读罗素，印象很深刻的一句话大致是，学者应该是严谨、开明而兼容的；然而真正的学人，一旦认死理，固执起来，比常人要顽固得多。有一种东西，刻下了，就像播种似的，如果是用心的，只要相信，无论多久，都会留下印记的，也都会有回首和反照的时候。——昨天学生来问我那天早晨讲话关于细雪的故事，我没有胡编，找出了 2018 年 12 月 16 日的历史记录。

——2021 年 5 月 26 日，北京

今天晚上读张承志的散文《音乐履历》，被第一段吸引住了："在平庸的日子里，有时会突然听见一串乐句，像风在哪里摇动了一株异样的树枝。它与众不同，不是一般常说的悦耳。它也不同于古典的庄严、流行的疯狂。我至今还没有找到概括它的语汇。我只是霎时若有所思，一瞬感觉到了心魂被牵扯，有时当场站住，痴

痴地听下去。而它却多是似是又非：一阵风飘了过去，就再也追不上。迟钝的失聪的日子又淹没而来，又将久久地不能和它相遇了。"

很奇怪，正是昨晚，我在自己的收藏里，记下了这样一段文字：所谓学人，就是面向自然与社会，做专业的、不受思想禁锢地进行智识生产与反思的职业游戏与探索。

生命旅途中，不同的节点，每个人心中，或多或少，都有自己热爱的旋律；正是这些熟悉的旋律，时不时引领连接个体生命与各个时代的时空穿越。不仅如此，旋律慢慢成为个体生命的元素，既是生动行走的足迹，也是激励继续前行的召唤。

——2021年6月24日，北京

成长，是努力一点一滴地剔除自己身上的世故，是骨子里的；世故，是生活从小一点一滴地强加给自己的，不是骨子里的。为什么滔滔不绝，想掩饰什么？为什么沉默无语，想表白什么？

——2021年7月23日，北京

难得有空看看小说，而且是三十多年前看过的小说。1965年前的台湾应该与上世纪90年代初以前的大陆很相似，留学潮更是如此，回归心态也是差不多的。回想起来，我看小说的历史大概有四波：第一波是高中时期的前两年，当时凡是出刊的各大中篇小说期刊（书除外），每期我应该大都看过（感谢高中好哥们红雨同学）。只是那时候忙于高考，总有点不务正业的负疚感，经常挨老师批评，所以，一段时间就此打住了。第二波是上大学后的第一、第二年，没有负疚感，很释放地看，然后就是茫然地苦闷思索，只好自己再立马刹车。第三波是考上研究生之后第一、第二个假期，依然很放纵、享受地看，而且租很多武侠小说看，然后再自我深刻反省，痛改前非。第四波是出国前的那个三个月假期，除了《平凡的世界》外，很享受地看了很多日本和法国的小说，然后就一直没有机会看小说了。

——2021 年 7 月 23 日，北京

无异于言。没有深厚的实证个案研究，没有广阔的跨学科底蕴，就想做理论研究，请问世界上哪里有门。

——2021 年 7 月 30 日，北京

能够圈住自己的，其实是内心；其实圈住内心的，不只是梦想，而且是阅读；当内心空虚的时候，就会无所事事，无所适从，不能慎独。所以，寂寞的，不是人，其实是心！

——2021 年 8 月 3 日，北京

游思与随想七

最深刻的感受，是那个时代，那个交汇转折的时代，余英时先生身上和骨子里的强烈个性。余先生不仅是文化中国的，而且是从游离于中国之外看中国的，所以，心底里那份家国情怀始终深不见底、刻骨铭心。余先生不仅是本土的，而且带有咱安徽安庆书生强烈的本土特性和文化个性，所以，总是富有生命的感染力、顽强的生命力，以及不拘一格的想象力！

——2021年8月5日，北大燕园

温馨、友爱和信任，看点不是某一个人的演唱功夫，而是两人间的互动与互补、和谐与反差。看帕瓦罗蒂与亚当斯共同演绎《我的太阳》有感。

——2021年9月4日，北大燕园

人，在不同时段，都有刻骨铭心的旋律；很多的时候，就是旋律不自觉刻印在心里，自己倒没有刻意。几十年后，不时忆起，已然刻印在心上，却无法记起歌手与歌名。有意思的是，凭着早逝的熟悉旋律与一两句歌词的碎片，自己总能够把那首歌完整地挖出来，虽然逝去了几十年。如同2011年到2012年，我在东京外国语大学客座期间，一个晚上就把高中经常听到的某首关于台湾的歌曲挖出来一样，就如最近我总能够把三十年前经常在街头听到的震撼旋律淘挖出来一样。我对声音与旋律的辨识度始终还是敏感的。那时候，总是行色匆匆，没有心情欣赏，更没有想到收藏。如同这首，当年经常听到，就是没有在意歌手与歌名。

——2021年9月7日，北大燕园

今天值得骄傲，从书柜上面的纸箱子里找到了两本自己印象非常深刻的书，难怪我始终找不到呢。两本书都有特别的故事。

第一本是2008年5月在爱尔兰都柏林大学院参加U21大学联盟学术研讨会获得的。当时开学初突然接到学校电话，受对方大学校长请托，说校长指令我必须代表学校参加一个U21大学联盟爱尔兰移民离散国际研讨会。在会上，第一次遇到了复旦大学学者代表葛剑雄教授（就我们两位中国学者）。研讨会主题关涉爱尔兰诗歌、文学、艺术与音乐的反抗性与爱尔兰人的离散性。所以，印象特别。

第二部是1995年12月版的《陈寅恪的最后20年》。清楚地记得，这是我1996年初夏在东南亚田野研究间隙短期回国休假时购买的，当时非常痴迷，花了三四天一口气看完。所以，印象深刻。与移民、离散、动荡、边缘性文化密切相关。去年修水请我做陈寅恪研讨会主题演讲，当时无论如何就是找不到这本书，真是怪事。

——2021年9月9日，北大燕园

除了政治家、商人、艺人、社会团体经常需要媒体适度曝光，晒存在度，大部分严肃的学人应该是不需要这样也不能这样，否则不仅适得其反，而且超越底线。如果有学人试图比拼媒体热度，那么最有可能的是，要么该学人肤浅功利，要么其背后一定有商业政治利益驱动或者利益集团站台。从来就没有无缘无故的好与不好。严格意义上的专业学人，主要是与学界同人打交道，而非其他也。在××大学，我认识某学人，二十年前加盟大学后，经常上电视。该学人耶鲁大学本科，康奈尔大学硕士、博士，哈佛大学博士后，简历非常漂亮。可是六年合约到期后，大学review（考核），却没有拿到tenure（终身教职），最后被大学无情地踢开了。这是基本规则，也是基本原则！虽然最终的服务宗旨一致，鉴于各自职能与分工的不同，大学的专业原则、学人的专业操守，很多时候是与社会和政府的标准非常不一样的，而且必须是非常不一样的。

——2021年9月15日，北大燕园

事情虽是个人的，自己却是义无反顾的。2020年1月底，当武汉和北京疫情非常严重，而新西兰疫情暂未出现的时候，为了及时赶回北大上课，我提前三周联系改签机票，不仅改签本已买好的从广州转机返程机票，而且更换了航空公司，作废了原来购买的返程机票，重新购买单程直飞北京的机票，并且为此转机，在奥克兰酒店多停留一晚（都有图为证）。记得1996年，同样为了不因多次旅行往返影响东南亚田野研究，我也临时决定继续留在东南亚，改变了原来行程，也作废了本来已经买好的返回阿姆斯特丹的一年open机票。

——2021年9月16日，北大燕园

以前，燕南园是有些不堪的，所以周围有藤围绕，看不见里面。如今，燕南园屋子，装修得古色古香，屏障也就可以撤了。放眼望去，明清园林燕南园，错落有致，美轮美奂。西苑以远的燕北园，曾经是乡村，却没有乡村的自然与灵气；燕园里的燕南园不同，不仅是园林，更是历史与文化，好像今日特别的阳光与天空。

——2021年9月17日，北大燕园

摇滚演绎乡村，个性更张扬，生命力的味道更爆、更劲。

——2021年9月18日，北京

学术，尤其是一流的学术，需要头脑风暴，需要丰富的安静，喷发的沉淀，多元的环境，天马行空的想象力，精致的追求，以及不受干扰的专注。

——2022年9月22日，北京

"出道"以来，一直信奉，真正的学人，除了纯粹、激情与奉献，风骨也同样是与生俱来，是不可以丧失的；风骨、学养与学术，是共生的、相辅相成的。从这种意义上，虽然很多时候卑微汗颜，经常无语，但是今天可以透露，有时候还是有点骄傲的：譬如2018年，人文特聘教授聘期到期，续聘申请最后期限，我都是静悄悄没反应。我们系时任人事秘书小苗很专业很敬业，专门来电短信两次提醒，最后害得我只好实话实说：我是不会续聘的，至今如此——"季节在陌生的地方奔跑，我听到的只是风声。"发自内心喜欢谷川俊太郎这行诗句。

——2021年9月23日，北京五道口

这一代学人，展现的是文化与情怀，一生无怨无悔。很多人是不懂的，所以只能八卦和误解他们 —— 我从那个地方出来，对那里的文化感同身受，无论胡适、陈独秀，还是余英时，或者严耕望等，都有那个地方的习性。邓稼先也是安庆老乡啊，怀宁人，离现云南大学校长、北大教授方精云院士就更近了，同一个县乡呢。

—— 2021 年 9 月 24，北京五道口

幽默，是有文化与品位的严格区分的。严肃、隆重的场合的幽默，固然可以彰显风趣、轻松与文化；而低级、庸俗的幽默，尤其是具有很高身份的和隆重场合的这种所谓幽默，根本不是幽默，而简直是嬉笑与胡闹。沦为表演的，不仅是大学或教授的头衔，而且是毕业典礼的重大场合。沦为牺牲品与笑话闹剧的，不仅是表演者个人本身，还是机构、场合与身份。这与精致的、华丽的、一本正经的高调空洞说教一样，是殊途同归，都是表演 —— 刻意的表演，个人的表演，无聊的表演。

—— 2021 年 10 月 9 日，北京

Wherever I am, I'd be always who I am —— as it is, as dedicated as ever, intellectually and professionally, let alone personally ——虽然我英文一直先天不足，很 broken 和洋泾浜式挣扎，当下却是最不会变味的适当表达。

—— 2021 年 10 月 12 日，首都机场候机厅

我曾经很有思想与生命力，长大后做了专业学人，就变得越来越庸俗，越来越没有思想与锐气了 —— 不过，我从来不脱别人的

裤子，要脱，也是先脱自己的。这也算是操守吧。

—— 2021 年 10 月 27 日，北大燕园

办公室窗外，夕阳西下，秋色正浓，无限美好。

—— 2021 年 10 月 27 日，北大燕园

虽然昨天就住进来了，今晚才第一次正式开火做饭。鸡蛋、面条、青菜、西红柿、葱、酱油、醋，包括榨菜，都是人事处副处长侯老师事先备好，放在公寓厨房里的，真的很暖心。所以，这顿晚餐不是一般的特别—— 生活的气息应该是：必须在自己的住处，至少每天吃一顿晚餐。

—— 2021 年 11 月 4 日，厦门华园

去年的初雪，是 2020 年 11 月 21 日我在江西修水参加陈寅恪研讨会时下的，当时是细雪；今年的初雪，却是在厦门，恰逢立冬，提前了两周，而且是暴雪；前年的初雪，人在新西兰，也是暴雪，却大大迟到了。无论身在何处，不变的都是京城的雪。

—— 2021 年 11 月 7 日，厦门华园

赋能（empowerment），固然与体质、营养、情感、权力、财富、社会关系，以及拉帮结派有关，其实更和知识和个人内在修为有关，精神的、经验的、生活方式的、兴趣的、价值观的、方法论的、社会关怀与参与的修为有关，当然也与改变，经常、积极的改变密切相关。这些其实是赋能的另一种重要维度，而且是日常的、源源不断的、有时候甚至是非常关键的。

除了想象力（原话是 imagination）外，我想，当初荷兰导师一开始看上我的就是我这种整体性的概括综合能力（原话是 grasping capability），以及深入性的批判分析能力（原话是 penetrating critical capability）。记得 1998 年年初，从德国来访阿姆斯特丹的一位国内老师临时借住在我的住处，与我争论"想象力"（imagination）与"想象的"（imaginery）的异同，当时他误解了两者的含义，依然振振有词地坚持着。这样的情况下，两人间是无真理可言的。当然事后过了好久，他终于承认我是对的。

——2021 年 11 月 24 日，厦门华园

我又来到海边，三十多年前那个很寂寞的、晚上漆黑的海边。

——2021 年 12 月 2 日，厦门曾厝湾

池塘，总是与家族与村落对应；湖海，则是与高山名川、大草原和大平原关联。风和日丽的日子，竟然是冬季，不是大约是，感恩。又见未名湖，没有风起，没有云涌，祈望永远宁静、祥和、深邃与宽广，没有暗流汹涌。又见未名湖，平和温馨的校园，是求学问道的圣地，不是风起云涌、翻江倒海的上海滩。

——2021 年 12 月 5 日，北大未名湖

为什么燕园有一批老先生做人、做事、做学问的风范，以及骨子里的操守，总是那么令人肃然起敬，原来是因为能够永远春风化雨、润物无声、激励引领年轻学人。

——2021 年 12 月 6 日，北大燕园

大雪无雪，但心里却飘着雪花；不是冰冷，是清凉飘逸。

——2021 年 12 月 7 日，北大燕园

出门之后途中，只记住口罩，才发现却忘了眼镜。

——2021 年 12 月 9 日，北京蓝旗营公交车上

研究不是抒情，创新不是煽情，思想不是修辞。小时候，经常玩脱人的裤子，那是调皮；如今，不脱人裤子，始终是做人底线。年轻的时候，几次失恋，从不怨恨，因为自重；成年之后，宁可别人负我，从不负人，作为做人信条，这是经历和成长。

——2021 年 12 月 11 日，厦门华园

优秀品质是内在的，是与学人融合在一起的；不是分裂的，是表演不出来的；即使天才表演，都可以立马分辨出分裂与投机的痕迹。所以，学人的天性是纯粹、求真、批判、关怀与自我修行！

——2021 年 12 月 15 日，厦门华园

现在应该明白了，为什么我以前反复强调，知识产权的出版时间标识与全球空间维度是衡量著作版权与原创性的关键了吧 —— 本土语言与民族国家的疆域不再是自以为是、理所当然的保护伞啦。

——2021 年 12 月 16 日，厦门华园

走了这么多路，自己现在终于能够串联起来，原来赋能的源泉始终多种多样，不是突然感想，赶紧记录如下：文学是一种丰富，

音乐是一种滋养，健身是每日的释放与固本；关怀与关爱，无论社会、机构还是自己，是一种慰藉与修行；离开与度假，是一种充电，亲近自然、热爱自然是一种放松与释放；友情、亲情是始终的底蕴，梦想与追求是不断的好奇与新鲜；德性，表里一致、知行合一的德性，与热爱，积极工作、终身学习、止于至善的热爱，是永远的赋能——这首歌曾经发过，再发依然清新扑面，如同清晨。

——2021年12月17日，华侨大学厦门校区

除了积极备考，1982年、1983年高中时我做了两年文学青年，看了两年《十月》《收获》《当代》《长城》《钟山》《百花洲》《花城》《清明》《中篇小说选刊》《小说月报》《海峡文艺》《报告文学》，等等，几乎每期必看——那时候的幸福就是那么简单和美好。

——2021年12月17日，厦门华园

1990年4月9日厦大图书馆札记，痛苦、挣扎与内观的札记，如今读起来，觉得如此纯粹与美好，特定时期的美好青春——自己勇敢地与自己战斗，勇敢地走出来了。自此之后，我知道为啥自己发誓毕业留校后不再写诗，为啥要认真写论文了；也知道了，20世纪90年代初好不容易发了几篇专业学刊论文之后，自己为啥在以后几乎十年里就认认真真、脚踏实地只做一篇博士论文，不再有其他发表了。

——2021年12月18日，厦门华园

今晚发了朋友圈，北大原党委副书记、常务副校长郝斌老师看后，立马来电询问我："离开燕园是怎么回事？"我只好如实相告。

郝老师是周老师的同班同学，得知后叮嘱我："无论走到哪里，我相信，你都会使周南京老师的愿望就地开花和结果！"有此兄弟朋友，周老师九泉之下可以欣慰了。感动之余，非常愧疚。我离开燕园这么大的事，不仅没有向郝斌老师禀告，而且也没有向始终无私关心和爱护我的前辈归侨老师北大梁英明教授、社科院丘立本教授禀告，罪莫大焉。

——2021 年 12 月 18 日，厦门华园

1991年深秋，我刚刚毕业留校，满怀虔诚地写了两页文字；2021年冬至，毕业留校三十年，我小跑了一段路，坐在长椅上小憩，我收拾思绪，记下了这几行电子文字；从水晶湖眺望未名湖，几十年后归来，依然一颗少年心，依然相信和满怀虔诚——所以，感恩；所以，祝福。

——2021 年 12 月 19 日，厦门华园

史景迁是一位内心本能地充满诗心的历史学人。充满诗心与写不写诗是不必直接关联的。据我所知，在所有西方学人当中，内心几乎都是对于诗歌充满欣赏的，不管读不读诗，不管写不写诗。这是文化，虽然他们的现代性至少已经有几百年的历史。不像我们，很多人可以公然理直气壮地践踏某种神圣的东西，而且是以资本与财富的名义。不同，永远是内在的；差异，总是本质的——其实，诗歌与诗心，是赋能的重要源泉，如果真的拥有。

——2021 年 12 月 28 日，厦门华园

对于所有的大学与科研院系舵手而言，最重要的职责是鉴赏与

服务，而不是个人的喜恶与权力。所谓鉴赏，是指敏锐和正确的判断力，学科方向与学术标准的判断力，不是个人的喜好，更不会被华丽的包装所迷惑，甚至忽悠。所谓服务，是对机构与学术的大关怀，把人才队伍凝聚好、服务好，把院系文化建设好，而不是个人的圈子与权力。

——2022 年 1 月 2 日，厦门华园

没有一位学人是不懂政治的，否则就不是一位称职合格的学人，基本的东西还没有学会。然而，学人懂政治与学人玩政治，甚至迷失于政治，则完全是两码事。在亚洲，因为专业的关系，我所熟悉的两位著名学人应该是最懂政治的，却也是最坚定地立足专业学术的。一是王赓武教授，在政府、社会与学界之间，始终游刃有余，无论是在东南亚，还是澳大利亚，或者做港大校长，王先生代表的都是专业学界，讲专业的话。另一位是日本的白石隆，从康奈尔大学教授职位回归京都大学大约十年，然后返东京执掌两大学术机关，同时一度担任部长级的科学文化研究顾问，也始终是坚定地立足学术专业。这不仅是个人专业操守与学术信念，更是社会与政治权力关系动力。

——2022 年 1 月 4 日，厦门华园

岁寒报春，春暖花开。向善与向阳、向上和向前，永远是最好的修行。

——2022 年 1 月 5 日，厦门华园

"视角指的是，将问题置于整个格局与背景中，从不同角度看

问题的能力。"（陈西文）—— 这是学人批判分析能力、判断力与想象力的基本。

——2022 年 1 月 6 日，厦门华园

并不是每个人都能够突然做自己，这是一种需要很早的时候就得认真准备和长期修炼的权益。

——2022 年 1 月 11 日，厦门华园

在西方高校的非西方人文与社会科学研究者，最有深刻的理论与文化批判阐释力的学人，应该属于来自南亚与中东的学人 —— 不只是语言的问题，究其原因，是值得思考的。

—— 2022 年 1 月 14 日，厦门华园

跑完步，出了汗，做了饭，开始放假了，虽然是工作假期，总是要自我放松的—— 其实，做饭也是一种释放，就像吸尘、洗澡、理发、换洗衣服与打扫卫生一样意义的程序。

——2022 年 1 月 15 日，厦门华园

"罪恶感"，公共角度，应该是指起码的专业操守（与自律）；个人角度，应该是指荣誉感、敬畏之心、爱惜自己的羽毛；既是必须的个人优秀品质，更是必须的专业担当底线 —— 是美德，却不是恩赐，因为如果失范，就是市场出局与学人沦陷。

——2022 年 1 月 15 日，厦门华园

实话实说。要承认，中国大学学位教育、学科发展与职称评

审，长期以来就不是一个标准的常态，而一直是非常态。所以，不能把非常时期的非常态东西视为常态尺度推而广之。君不见，在中国，半个多世纪以来，历史从来都是大浪淘沙。多少曾经红得发紫的辉煌都是被赋予的，事后很快集体地灰飞烟灭，不留一点痕迹，甚至会成为污点证据，令人不堪、后悔莫及—— 一位普通历史学人的清醒历史感。

—— 2022 年 1 月 21 日，厦门华园

华园白鹭湖：如果有茶，如果有学友，如果阳光明媚，如果是蝶舞蜂喧、春暖花开的日子。

——2022 年 1 月 21 日，厦门华园

不是观察，更不是感慨：真正的优越感，从来是外化于行、内化于心的。经常反复宣传外露的自信，一般应该是在困难与脆弱的时候，或者成长和奋斗的路上，才会有特别的意义。这时候，反复强调自信是自我激励与骨气的精气神。如果在发达与强大的时候，自信更应该表现为平常心与敬畏谦卑礼让之心，而不是某种得意与被冒犯的优越感，更不会是故意外露霸气。这时候，自信往往会成为是某种内敛的文化气质与品行风格，春风化雨，否则简直是自卑与自负的同义词，或者是暴发户式的张扬。

—— 2022 年 1 月 27 日，厦门华园

虽然说过不再推送《田野集》，今天整理第一次抵达马来西亚的研究笔记，情不自禁地感慨万千。一整年田野调查，除了后一阶段马来亚大学李锦兴，卢慧玲（Loh Wei Leng）和黄子坚（Danny

Wong）教授的大力协助外，开始阶段，应该至少致敬四位贵人：其一，马大谢爱萍教授夫妇，我第一次抵达吉隆坡是他们夫妇来火车站接站的，然后直接带我去外面吃早餐；其二，马来西亚首相署 EPU 主管官员 Richard Leow（中文名廖胜安，USM 毕业生，为留在吉隆坡办理手续，他曾带我在他彭亨州文冬家住过）；其三是我马来西亚合作导师谢文庆教授，我清早从吉隆坡第一次抵达槟城码头，他开车接我，并让我一直免费住在他家几个星期 —— 如果当初不是年轻勇敢，经历那么多人和事，真的不敢想象。非常感恩，永远铭记。

——2022 年 2 月 11 日，厦门华园

听说北京下大雪了，就像 2002 年的那场雪。我依然在南方的厦门忙于整理二十六年前的一大批手写的关于热带田野的笔记。原来我也有过一次差点丢失钱包的经历，当时情况可不比如今，那可是一个人的孤岛啊。然而最后发现是自己虚惊一场 —— 那份真实感想很特别，当时本来心情不好，事后竟然大好；幸福原来如此简单，仅在自己一念之间。

——2022 年 2 月 13 日，厦门华园

今天入校门奇遇，虽然是历练，毕竟是自家人，当然懂得。冠勉博士知道了，第一时间出来在系里碰到，亚杰第一时间申请入校进门；校系老师都很有善意，办理离校手续一切顺利，特别顺利。一个人回到办公室，依依不舍，感谢，感恩。最后两道手续，冠勉骑车替我跑了。所有手续都盖章了，就剩明天最后把学校章盖了，就好聚好散啦 —— 二十年的年华岁月，怎么能没有感慨呢。以后

就是客了，真心祝愿。博士生乙燊有事，找我签字，我们三人在我办公室合影存念。

——2022年2月28日，北大燕园人文学苑5号楼5239室

一方面，求真、务实与超越始终是学术与学者的神圣天职；另一方面，把利益、谎言与不堪包装得冠冕堂皇不幸却是很多理论家与机构的日常实践——清楚地记得，我祈祷，是几十年前的某句歌词。

——2022年3月2日，北大燕园

真正伟大的学人应该总是靠自己研究课题的创新思想与独特呈现方法论而赢得广泛赞誉，而不是反过来，靠外在研究对象的重要性或专门主题本身的兴趣而吸引眼球："A truly great scholar〔G.William Skinner（施坚雅）〕is defined less by his specific topics of interest than by his cast of mind and patterns of thought. Skinner's mind and thought were those of a social scientist，searching for patterns，causes and systematic relationships among variables，and building testable models of those patterns，causes and relationships. This intellectual habitus led him to eminence beyond his own discipline—he was at least as well known in geography，demography and sociology as in his home discipline of anthropology." —— Stevan Harrell，2009（一个真正伟大的学人与其说是由他感兴趣的具体主题来定义的，不如说是由他的思维方式和思维模式来定义的。施坚雅的头脑和思想是社会科学家式的，他寻找各种模式、原因和变量之间的系统关系，并为这些模式、原因和关系建立可检验的模型。这种思维习惯使他

在自己的学科之外取得了杰出的成就——他在地理学、人口学和社会学方面的知名度，至少不亚于他的人类学"本行"。——斯蒂文·郝瑞，2009）

——2022 年 4 月 1 日，厦门华园

夜色，有月亮，没有月光。

——2022 年 4 月 10 日，厦门华园

多少年过去了，压抑这么久了，却没有创造力，没有新的寄托，所以只有回想，所以只有怀念，所以只有无奈，所以只有呐喊，所以愤怒，所以无语，所以只有郁闷，所以只有暴力，而且只是语言的暴力，而且至多是梦魇的暴力。

——听某首歌有感，2022 年 4 月 15 日，厦门华园

历史的记忆，如果没有及时记录，就被风吹走了，如果没有沦为庸俗。

——2022 年 4 月 16 日，厦门华园

读书，无论是民众还是学人，都要读好书，不能读肤浅与低级的书；否则就是自欺欺人，还自以为是桃花源记。写书，都要虔诚、投入、专业与敬业，不能剪刀糨糊、东拼西凑和胡说八道；否则就是年度考评填表，既糊饭碗，又砸饭碗。出书，更要出好书，不能烂，不能俗，不能臭；否则污染，环境污染和心灵污染，而且祸国殃民。

——2022 年 4 月 23 日，厦门华园

为啥我们一直喜欢民谣，因为自然纯朴；为啥内心一直喜欢校园民谣，因为纯粹青春。

————2022 年 5 月 23 日，厦门华园

能够复制的，绝不会是个性，更不会有创新，至多是拾人牙慧。

————2022 年 5 月 26 日，厦门华园

"中立"，不等于"中庸"；"中庸"，不等于"不站队"；"不站队"，不等于"没有是非价值观"；"在重大道德危机时"，保持中立、做自己，不等于"在重大社会政治危机时"，置身事外、漠不关心。——我没有那么无聊，可不是故意说绕口令和狡辩。

————2022 年 5 月 27，厦门华园

与过去明显不同的是，新时代单位机构的新形势与新特点是：机构领导层理念，不能引领未来，而是代表个体的经验与贵族的过去，那么，单位机构实际上就失去了未来。换言之，单位机构领导层早已经不是老人团指定的时代，如果不能凝聚广大中青年核心，那么，单位机构自然也就失去了方向与竞争力，更失去了合法性！——"六一"节的自言自语。

————2022 年 6 月 1 日，厦门华园

历史之音：离开之后，我才真正懂得石头与花草、虫鸟与湖水的语言，当时是不懂的；它们也因此变成了山水与文化的底蕴，尤其是丰富自己的底蕴。离开之后，积极的自我改变，不只是拯救，

更是超越，尤其是生动别人的欣赏。

——2022年6月2日，厦门华园，7日订正

有刮风，就有跟风；有吹风，就有一哄而起；有一哄而起，就有随风而去；有风起云涌，就会有风平浪静 —— 这些都不是常态，都是靠不住的。

——2022年6月4日，厦门华园

明星式的出名，固然是官方赋予、群众紧跟，遗憾的是，很多时候，却都是不专业的、不对称的受众。严肃的学人与持久的学问从来首先是面向专业同行的，不是非专业的、更不是外行的；真正受尊敬的学人最主要的认可是专业的同行对其专业作品的认可，不是非专业的、更不是外行的和不对称的加冕—— 如果谁都可以理直气壮地指责明星学人，那不仅是那些学人的悲哀，而且是学界和国家评价体系出了大问题！

——2022年6月4日，厦门华园

读着读着，越发感觉到，不是您的诗一直写得好，而是您曾经的诗写得好！不是您很多诗写得好，而是您某些诗写得特别好！不只是因为您的人很纯粹，而是因为大多数人那时很懦弱、没有您那样英勇无畏！

——2022年6月14日，厦门华园

我不问，回家的路有多远；我只问，回归的人待何时。

——2022年6月15日，厦门华园

本真，既是源泉，又是胚胎的孕育；本真与源泉，不只是性格与底蕴，而且是孕育深刻丰富创造和无限可能性的基因与动力。

——2022年8月3日，北京

人应该自由成长，拥有无限好的可能性，但不是野蛮生长。野蛮生长，不仅杂乱无章，乃至失控，包括价值观，包括学业与视野，而且没有方向与目标。自由成长则不同，是追求美好的理想与未来，并为此愿意吃苦耐劳，愿意约束自己，积极竞争，积极改变！

——2022年8月5日，北京

下　编

历史的文化集

压迫着我的，到底是我的想要外出的灵魂呢，还是那世界的灵魂，敲着我的心门想要进来呢？

——泰戈尔《飞鸟集》

任何一样东西，你渴望拥有它，它就盛开。一旦你拥有它，它就凋谢。

—— 普鲁斯特《追忆似水年华》

人生还不如波德莱尔的一行诗。

——芥川龙之介《某傻子的一生》

世界历史中的文明叙事范式与亚洲文明的现代性含义

概念与视角的问题

文明，是一个内在的、整体的、同质维度规定的概念，具有特定的地理、特定的族群、特定的社会、特定的国家、特定的生产力与生活方式的依托，是这些社会与国家物质、思想、精神与制度的发展的综合与集大成。

然而，文明的概念，又是超越单一族群、单一国家、单一地理单元的，更大维度的集合性的、整体性的概念，具有更大维度规定的、同质的，却是超越单一政治行政单元的概念。以大洋为规定的大洲，以大海、大湾、大山、大河为规定的地区，以殖民扩张和征服为特征的帝国，以大宗教为标识的文明，以意识形态为分野的政治制度与生活方式等的分野，都是以文明为标识的人类社会生态的重要表现形式。

文明的概念，是历史的与现代性的，又是超越历史的和发展的；是专门维度的，更是综合的与人文暨社会科学的多维度的整体性概念。近代之前，历史上文明的概念，是狭义的与专门的，主要是物质、宗教、思想与文化维度；近代之后，国家、族群、意识形态成为文明概念的另一种类型的重要依托和内在标识。所以，历史上，文明的讨论始终存在先进与落后、文明与野蛮、包容与排他的分野，并上升到地缘政治、意识形态与身份认同的冲突层面。

历史性与问题的本质

地理大发现之前，商业资本主义之前，文明的交流与互鉴，主要是陆地的、各种大洲板块框架规定范围内的或者毗邻连接的大陆板块框架内进行的。

商业资本主义之后，特别是工业革命之后，文明的交流与互鉴，则是全球的，跨陆地、跨大洋的殖民主义的征服和统治，但本质上是以西方文明的对外扩张与霸权为根本特征的。

第二次世界大战之后，文明的交流与互鉴，则表现为东西两大阵营的对立与分野，意识形态与社会制度之间的对抗。

"冷战"结束之后，特别是全球化时代，既表现为西方文明的相对衰落与非西方文明的现代化，同时表现为世界多极化、文明多样性，还表现为文明、宗教、族群标识下的不平等、偏见、排斥与霸权。文明的本质论，政治上是反动的，学术上是绝对的，都是错误的，但文明的问题的历史含义本质与政治含义本质，却是存在的，是需要认真总结和反思的。

亚洲文明与文明的叙事

亚洲文明，在空间意义上，重要维度主要有两点：其一，非亚洲文明，主要是与西方文明暨其他非西方文明的双重关系；其二，亚洲内部的文明，主要是中国文明、印度文明、伊斯兰文明的三重关系。

亚洲文明，在时间意义上，重要维度主要有三点：其一，前现代文明。这是人类文明的主要发轫期，是亚洲文明灿烂辉煌的历史时期。其二，近代文明。这是亚洲长达几个世纪被欧美殖民主义征服统治、奴役落后的历史时期。其三，亚洲文明的复兴或者现代性。这是亚洲觉醒、亚洲向西方文明学习、亚洲现代化、亚洲世纪、亚太世纪的新时期。

无论是对于西化，还是对于亚洲文明，几个不能回避的基本问题是：

其一，既然亚洲的概念是外来的规定，是与欧洲或者西方相对应的概念，那么，亚洲文明的含义，同样意味着与西方文明的互动关系、走向和性质。

其二，既然亚洲近代几个世纪以来长期处于欧洲殖民主义、半殖民主义的影响与统治之下，那么，欧亚文明互动的含义，自然远远超越文明友好和平交流与交融互鉴的性质，是具有明显的政治霸权与军事征服性质的，是不平等的。

其三，现代化的历史发展路径先是起步于欧洲，然后是北美，再到亚洲明治维新的日本，进而是战后"亚洲四小龙"，中国、印度和全球南方的发展。这样，争议的问题便是：现代化到底是唯一的、西化的，还是多元的、包括非西方的？

在上述背景下，我们今天讨论亚洲文明的问题，不能回避的重要问题应该是关于东西文明，或者中外文明的重要问题。

同样地，我们今天讨论亚洲复兴的问题，不只是与西方现代化模式异同的问题，而且要回答在欧洲人东来前，亚洲文明曾经一直是世界文明的重要中心，或者与欧洲文明对等重要的中心，为什么会长期停滞、落后和挨打？

甚至1800年前，作为世界上最古老的、最庞大的、人口最多的文明之一的中国和印度都曾经是世界上最重要的经济体，仍然无法掌握自己的命运，仍然无法摆脱被殖民、半殖民的命运。为什么？

所以，一方面，我们固然可以理直气壮地反驳，几十年的亚洲发展，不是世界历史上的特别现象，不是西化的垄断性与唯一性模式的结果，而是亚洲的复兴，是有不止一次亚洲自己的历史先例的。另一方面，我们需要理性冷静地思考，今天亚洲文明的复兴，与历史上亚洲文明的兴衰，到底有何异同之处？

我们现在就应该思考，亚洲文明复兴不仅将来需要避免重蹈亚洲自身文明历史发展的惨痛教训，而且同时需要吸取西方文明和其他文明的重要经验和教训，以及为什么长达几百年主宰世界的西方文明仍然会出现当下衰落趋势的惨痛教训。这是亚洲复兴、中华民族伟大复兴之前、之时与之后，都需要时刻保持清醒并始终需要谨记的历史教训。

再谈文明的叙事

各种文明，本质上是不同的和独特的。文明叙事的意义在于，多大程度上，人类各主要文明之间能够超越其差异性，而实现文明交流互鉴？文明叙事，作为一种范式或分析单元，又在多大程度上能够弥补国家叙事、帝国叙事、政治经济叙事的不足？

有意义的常识是：文明叙事的意义在于国家叙事、帝国叙事、战争叙事、经济叙事等都失效了，文明叙事成为一种替代的，或者权宜的，或者新鲜的叙事范式。反过来，同样地，需要反问的根本性问题是：文明的叙事会不会也失效呢？文明的叙事什么时候会失效呢？怎样才能保障文明叙事不会无效呢？

在很大程度上，如果说近五百年的人类历史发展是真正意义上的世界历史大进程，或者说是全球史大进程，那么，同样也可以说，这是世界文明史大进程。不同的是，世界历史叙事的主体改变了，从王朝国家、民族国家和帝国的政治硬权力关系范式，转向文明的软权力关系范式。如果国家是多维度的整体实体，文明也一样。虽然不同，但是，文明与族群，文明与宗教，文明与地域，文明与国家，文明与帝国，你中有我，我中有你，相互共生，密切关联。

近五百年全球政治的三大模式是：其一，是四百五十年的西方民族国家之间的战争与西方殖民主义对外扩张平行。其二，是"二战"后半个世纪的两大阵营之间的"冷战"与第三世界阵营内部的热战并举。其三，是近三十年前开始的，特别是近十多年前加速进行的以全球化与逆全球化、"颜色革命"、东升西降、恐怖主义、民粹主义、全球南方发展为特征的百年大变局。

人类历史上，现代世界文明的权力关系的表现形式主要是：其一，民族国家与帝国；其二，现代化与资本主义；其三，宗教与文明的互动关系；其四，移民、民族主义与身份认同。遗憾的是，这几组主要关系，既是统一的，却又是悖论的。

所以，当下讨论亚洲文明，其历史与当代的政治经济和社会文化含义是不言而喻、显而易见的。跨越与超越，是文明叙事范式不同于狭隘的、霸权的地域、国家、族群、宗教和帝国等大框架、元标签规定的世界秩序、互动关系和身份认同。

所以，文明被视为跨越主权、霸权等民族国家与帝国观念的有效的、柔性的替代叙事范式。文明，应该本质上是共生的和平等的、多元的和交融的。但是，实际上，世界历史进程中，文明叙事却不幸被异化为等级的、霸权的和不平等的，文明也被认为有优劣和先进落后之分。

尾　论

文明的对应范畴是地域、国家、族群、宗教、社会制度和生活方式等。文明的叙事范式，本质上是去国家、去族群、去帝国和去"冷战"意识形态的。对于文明的概念及其与国际政治的关联，人类学家、政治学家、社会学家与历史学家的界定是不一样的，但是其解读的基本共识应该是存在的。对于亚洲文明的概念及其解读，中国学人与欧美世界的学人也是很不一样的，文化的与远古的维度，远远超过地方政治与全球政治的关怀。

世界历史上，五百年的世界文明史，本质上是西方文明扩张和垄断的历史。无论工业革命的模式、市场经济的规则、价值观的倡导，都是以西方文明为主导、为标准的。亚洲文明的叙事范式，本质上，是去西方和去霸权的，是关于中国和平发展、关于全球南方发展的当今世界局势结构性重大调整和转变的重要课题。近二十年来，西方指责中国的崛起打破了世界政治经济的平衡，中国发展是结构性失衡的最大元凶。实际上，从世界历史大进程的视角看，五百年来一直是失衡的，如今才开始平衡。对比五百年前与五百年后亚洲文明发展的历史，在人类世界谱系中的历史，如今亚洲的现代性与全球南方的发展，相互呼应，构成亚洲的复兴与人类文明发展的多元性，现代性的多元性。这种多元性与西方文明交融互鉴、共生共存，才是人类文明应有的生态秩序。

仍然需要回答的两个基本问题是：

其一，文明叙事范式的意义，在于人类社会互动关系模式与权力关系的本质到底是什么，以及到底发生了什么重要变化？

其二，文明叙事是一种替代性叙事范式，问题是，文明叙事与战争叙事、和平叙事、民族国家叙事、帝国主义叙事、宗教扩张叙事、意识形态叙事、"普世价值观"叙事，到底有什么重要的关联与独特之处？

这里，我想引用两句话：

第一句话是亨廷顿那本富有争议的关于文明冲突的著作中的最后一句，也许最有意义："Clashes of civilizations are the greatest threat to world peace，and an international order based on civilization is the surest safeguard against world war."（文明的冲突是世界和平最大的威胁，基于文明的国际秩序是防止世界大战最有效的保障。）

第二句话是："生活在传统社会的人民，总是非常渴望现代文明的；反过来，长期浸染在现代文明中的人，总是会寻找传统依托的。为什么呢？这应该不只是浪漫情结的问题，而是匮乏与超越的问题。与传统关系议题一样，某种意义上，只有我们自己真正地理解了西方和外部世界，我们才能真正做到超越和守正创新。"这句话是我个人的反思。

谢谢大家！

（原为浙江大学"2022年亚洲文明研究高端学术论坛"演讲稿，
2022年5月14日，杭州）

百年大变局、华侨华人与比较的历史

既然我们华侨大学研究院揭牌的名字是"华侨华人与区域国别研究院",既然今天学术研讨会的主题是"百年大变局下的华侨华人与区域国别研究",那么,值此机会从三个相关的主要方面来谈谈一些看法,与大家共同分享。

一 百年大变局

人类文明的历史进程是由内向外、由外化内的互动、转化和融通的历史,是内与外、我与他、传统与现代、被动与主动、包容与开放、交流与互鉴、多元与共生的辩证统一关系。

五百年的全球史进程是由中心到边缘与由边缘到中心,由内战到统一与由统一到分裂,由欧洲文明框架内的混战,到西方文明整体对外扩张,由亚洲文明自盛而衰、由灿烂繁荣到落后挨打,由阵营与阵营之间、集团与集团之间紧张对抗,到中间地带或边缘地带内部的争夺、冲突和战争交织碰撞的历史进程。

近两百年的世界历史进程中,亚非拉地区,特别是亚洲,都是由被动挨打到主动调适,由被奴役、被迫反省到觉醒,再到积极反抗,最后到独立自主与现代化的自主发展历程。历史进程中,既有殖民主义统治、帝国主义与新帝国主义的霸权,又有反殖民主义、反帝国主义和民族解放独立运动;既有不同文明的互鉴融合,又是不同文明的现代性模式。

曾几何时,亚非拉国家和地区大部分或是沦为欧美的殖民地与半殖民地、附属地或者"后院",或是被称为"非西方"的落后野蛮地区,或者被称为"发展中国家",或被称为"第三世界",等等。如今,"全球南方"早已经成为发展中国家新的身份标识,二十国集团更是成为全球治理的主要框架。

如今,世界正处于一个近百年未有的伟大转折与结构性变动的战略交汇点,亚洲正处于伟大复兴与急剧变迁的战略交汇点,中国正处于"两个一百年"、中华民族伟大复兴的战略交汇点。是谓当代世界历史发展的百年大变局。

百年大变局是当下、过去十多年来以及今后几十年的世界政治经济与制度秩序发展最显著性特征。世纪大疫情和俄乌冲突,无疑大大加剧了百年大变局的动荡。既然是大变局,必定是结构性的大改变与大动荡、大博弈和大冲击,是基本规则的大调整与权力关系的大重组。

百年大变局中,百年间前所未有;百年大变局,不确定性与焦虑性,历史上前所未有。不确定性很正常,哪里都有,哪个时候都有;但是主要大国与整个世界的不确定性就不正常,必须严肃慎重、统筹谋划、全力以赴去应对。焦虑性也很正常,任何人都有,任何时候都有;但是很多国家、地区和人民普遍焦虑就不正常,必须沉着理性、登高望远、埋头苦干。

百年大变局中,在中华民族伟大复兴征途上,历史性战略机遇与战略挑战,前所未有。这一次,我们不再是局外人和旁观者,而是中心角色与主要目标。这一次，我们不再被视为学习者和追赶者，而是被提防、被战略围堵的主要竞争对手。所以，冷静观察、沉着应对，非常重要；所以，保持战略底线与战略定力、战略耐心与战略果敢，非常重要；所以，积极谋划、逆流而上、坚忍不拔，非常重要；所以，责任与担当、毅力与韧性，非常重要；所以，教育与人才、创新驱动、内涵式发展与全方位对外开放，非常重要。

百年大变局中，国际议题影响着国内议程；然而，国内议程的考量远远超过国际议题的关注。百年大变局中，中国既被动又主动，既是世界关注的焦点中心又是被中心遏制的对象。

百年大变局中，既关系到中美关系与东西关系的定位与走向的核心问题，更关系到世界和平与发展的定位与走向的核心问题。

百年大变局中，世界的核心问题涉及战争与和平、变动与秩序、稳定与发展、内卷与开放、选边与霸权、民粹主义与包容和解等一系列和全方位的大是大非的重要议题。

百年大变局中，以前，我们都是提"改革开放"，把全面深化改革列第一位，以改革促进对外开放。如今，我们是否应该考虑提"开放改革"，把全方位开放列在第一位，以开放深化改革发展。

百年大变局中，以前，我们都是提"独立自主，自力更生"，把国家与民族生存的命脉紧紧掌握在自己的手中。如今，我们不仅必须更加强调"独立自主"，而且必须保持战略清醒与重视战略时间窗口倒计时的紧迫性，必须牢牢盯住教育发展、创新驱动与人才培养、结构升级与内涵式可持续发展、地方治理体系与国家治理能力的现代化，等等。

二　比较的历史

联系世界历史的大发展与中国海外移民历史的发展，至少有三大显著的历史的比较维度应该关注。

第一，19世纪华人移民的历史与西方反华排华历史的比较。两组历史鲜明对比，值得我们今天借鉴。其一，全球争夺亚非拉劳工、大规模引进移民，一直是欧美殖民主义与国内开发的政治经济需要。其二，限制劳工、反华与排华，尤其是美国、加拿大、澳大利亚和新西兰等国家长达四分之三世纪的白人种族主义制度性安排，与经济周期性危机限制排斥劳工移民一样，也是出于他们自身市场需要与政治形势的需要。很讽刺的是，20世纪80年代，这些国家大规模引进中国（包括香港和台湾）技术移民与资本移民，与历史上大规模引进中国劳工移民，竟然颇为相似。

第二，老移民与新移民历史的比较。至少两个重要的变化是：其一，一方面，是"二战"后老移民向中国香港与台湾以及欧、美、澳大利亚、新加坡的持续再流动；另一方面，是最近几十年来老移民的后代分别向中国内陆大城市的新一波流动。此外，许多老移民子女，特别是发展中国家和受中文教育的子女，纷纷前来中国留学，构成新世纪中国华侨华人重要流向的新气象。其二，新移民的变化。除了技术移民、留学移民继续回流与资本移民、新社会阶层移民继续外流的双向常态外，世纪初越来越显著的新移民父母与留守子女长期分离，类似中国农村父母在外打工与留守子女常年分离一样。加上中国资本"走出去"与中国新生代持续出国留学潮，创业、就业、通婚与定居，构成了新时代中国对外移民新发展的重要态势。

第三，华侨华人与中国互动历史的比较。如果说华侨华人始终是中国的战略正资产，那么，至少19世纪后叶以来，中国政府同样始终是坚定不移地敞开怀抱欢迎华侨华人的（某个特别的历史时期除外）。清政府是这样，民国政府是这样，新中国也是这样。这是不变的传承。同样地，华侨华人与祖籍国的密切联系和凝视关注支持，都是始终如一、一片丹心和满腔热血的，都是无怨无悔和义无反顾的。前期表现为海外华人的民族主义，后期表现为中华文化的身份认同。洋务运动和戊戌变法是这样，辛亥革命也是这样；支持中国战场上世界反法西斯战争是这样，建设新中国也是这样；纷纷回国参加社会主义现代化建设是这样，改革开放和经济特区建设是这样，如今同心协力，共同期盼中华民族伟大复兴，也是这样。世纪大疫情以来，华侨华人的生存状况与心态发生了很大变化，华侨华人越来越受居留地政治现实与族群生态的强烈冲击。"沉舟侧畔千帆过，病树前头万木春"，我更相信，世界历史的洪流滚滚向前，21世纪是亚太的世纪，未来一定是光明的，中国的发展大势始终是锐不可当的。

三 关于涉侨高等院校、侨务干部队伍与华侨华人研究

第一，涉侨高等院校问题。境内的暨南大学、华侨大学和华文学院设立是因应形势变化和国家服务侨社的历史政治任务，半个多世纪过去了，已经很好地完成了历史政治任务。新中国成立以来，如果说，上世纪五六十年代，暨南大学、华侨大学与华文学院的复办或创立，是华侨高等教育的第一波大转型，那么，80年代改革开放后，则是适应新形势的第二波结构性大调整。当下，应该是华

侨华人高等教育内涵式发展的第三波深刻转型。百年大变局下，如何与时俱进、结构升级、内涵式发展，是三所院校亟待需要正视和高度重视的大问题和大课题。涉侨高校具有国际竞争力的高质量的教学与高水平的科研，始终是更好地服务国家战略大局、服务华侨华人的根本。机不可失，时不我待，殷切期望我们三所涉侨高等院校能够抓住转型窗口的战略机遇期。

第二，侨务干部队伍问题。可以肯定的是，百年大变局下，国内、国际形势与侨情、华侨华人居留地形势，不仅将会更加复杂多变，而且是内外联动、跨国联动与全球联动。这应该对中国涉侨各级职能部门的工作提出了更大的挑战与更高的要求。如何提升我们侨务干部队伍的专业化与竞争力，应该是国务院侨务办公室机构改革与人才队伍建设的重要任务。我们不仅需要服务国家战略、服务侨社，更需要懂侨社、懂侨务、懂理论；不仅需要懂中国，而且需要懂世界、懂区域国别；不仅需要懂历史与政治，而且需要懂外语、懂管理、懂社会科学，甚至懂自然科学的复合型人才。

第三，华侨华人研究的问题。长期以来，中国一直高度重视华侨华人研究，也取得了非常可喜的成绩。这一点是毫无疑义的。然而，长期困扰华侨华人研究的问题是：我们的研究很多时候太过短平快、太过重复肤浅、太过碎片化、太过形式主义与拿来主义，我们对海外侨情的深度了解和研究远远不够，我们对于华侨华人与侨居地的互动关系研究分析远远不够，我们对于全球华侨华人的整体性把握与比较性研究远远不够，我们对于华侨华人研究的理论性高度与前瞻远远不够。这些很多不够，已经远远不适应新世纪、新时代和中国新发展的新要求，特别是百年大变局的大形势下，特别是华侨华人学者代际更替的情况下。

在这种意义上，今天华侨华人与区域国别研究院的揭牌，是华侨华人社会的大喜事，是华侨华人学界的大喜事，是华侨大学的大喜事。华侨华人与区域国别研究院的核心理念是将华侨华人研究与区域国别研究相结合，华侨华人研究依托区域国别研究的框架支撑，区域国别研究紧扣华侨华人研究的中心主题。这个新时代与新文科、跨学科与多学科的研究理念，非常新颖，非常及时，值得高度肯定。

华侨华人研究院设立全球中国与华侨华人、中华文明与华侨华人、亚太区域与华侨华人、比较移民与华侨华人、印度洋区域与华侨华人、侨乡文化与华侨华人等六大跨区域与跨文化、跨学科与多学科的研究平台，涵盖了华侨华人研究的各个重要研究领域，切合国际学术潮流，切合国家发展战略需求，对此尤为值得赞赏和期待。

（原为2022年6月11日"华侨大学华侨华人与区域国别研究院揭牌典礼暨学术研讨会"发言稿）

试论中国的区域国别研究：路径选择与专业书写

方法论与理论是相互对应的。对于学术研究而言，方法论首先是关于学科的，是被学科和学术的专业规范所规定的。任何学科的方法论，都被各学科的学术史、理论范式、概念模式、问题视角和资料收集处理分析等规定。无论是学科的方法论，还是理论的方法论，都是人类、社会与自然的面向，都拥有鲜明的文明和学术的传统特征，虽然充满了学人能动的个性与独特的创造力，但都不是信马由缰和自话自说的，而是有一定的学界系统、学科训练、证据资料和专业操守的。

中国的区域国别研究有理论与方法论吗？什么是中国区域国别研究的理论与方法论？其鲜明特征、创造性及独特的国际学术影响力表现在哪？弄清这些核心问题是非常有意义的，至少会让我们保持清醒，不被误导，不陷入某种本末倒置的伪命题和智识陷阱。

中国学界长期以来把引进、翻译国外人文社会科学重要成果当作研究本身（包括直接或间接的解读、消化与批判）；中国的对外研究习惯以单一的、教科书式的叙述和"列国志"式的普及为主，缺乏双向的、系列多元的深入专题研究；中外学科训练、话语权、研究水平和对话交流仍然处于严重不对称、不平衡的状态。中国区域国别研究的重磅推出表明了一个结构性的转变：以前我们一直向外面世界学习，如今则需要开始真正地走出去做研究；不仅我们的学人要走出去，进行深入研究和向外发声，我们的学术成果也要获得国际学术界的认可。

本文围绕中国的区域国别研究是什么、为什么等核心问题展开讨论。具体来讲，涉及以下问题：国际上的区域研究已相当成熟，当下中国的区域国别研究到底有没有意义，有什么意义？国际区域研究的哪些经验与教训值得我们借鉴和吸收？中国区域国别研究的起步相对较晚，是否能够跳过或者超越国际区域研究的基本阶段？如果不能，在新的历史背景和条件下，中国到底应该怎样脚踏实地进行区域国别研究？相对于世界文明史，区域国别研究的问题与实质是什么？对于中国来讲，对外研究、外国研究、国际中国研究、华侨华人研究和新亚洲研究，与区域国别研究有什么关联（作为研究范式的关联与作为研究领域或主题的关联）？对中国人文社会科学，特别是新文科而言，区域国别研究意味着什么？对外国语大学、外国语学院而言，区域与国别研究意味着什么？为什么会有如此百家争鸣、百花齐放的路径？这是一个现实的、重大的中国智识现象。

一　当前中国区域国别研究存在的问题

（一）区域国别研究中的概念辨析

要真正理解区域国别研究，首先就要明确分辨其中的几对概念。其一，区域与区域研究，是两个性质根本不同的概念。区域作为地理文化概念是泛指，无论境内还是海外都能适用。区域研究则是特定的范式，有特定时间与空间的规定。

其二，作为国别研究的国别与作为区域研究的国别，同样是两个不同性质的概念。虽然两者是共生共存的，但前者是一般性的泛指，后者则是指在区域研究中作为基本分析单位的民族国家。

其三，区域国别研究或者国别区域研究，固然是域外研究或外国研究，但是域外研究或外国研究，却不等同于区域研究。作为范式的中国区域国别研究，与国际上的区域研究大致相同。这是中国区域国别研究概念的模糊之处，或者说是有意模糊之处。实际上，中国区域国别研究在本质上应该与国际上的区域研究含义相同（虽然范式不同），只是使用了"区域国别研究"（有的用"国别区域研究"）这一名称。这反映了中国学界的学术生态与标新立异、百花齐放的现象。需要明确的是，"区域与国别"或者"国别与区域"研究的提法，与"区域国别"研究或者"国别区域"研究的提法，应该是大不相同的：前者已经明显地带有权宜、实用、包容的工具性质，或者是机械、片面的理解，而非出于作为同类国际研究范式的智识考量。这应该是与"区域国别"研究提法有意模糊的明显不同之处。

其四，中美两国区域研究的异同点。中美区域研究都是在世界大变局的战略交汇点发生的，都是在作为全球强国地位发生结构性变化的情况下发生的，都是在新形势下国内与国外战略迫切需求下发生的。中国的区域国别研究，某种意义上属于国际上盛行的，但有不同时间节点、国家利益、内涵和性质、面向和发展阶段的学术研究与学科范式。中国的区域国别研究，既涵盖非西方的发展中国家和地区，又涵盖西方的发达国家和地区，就是最有力的证明。美国区域研究的焦点是中间地带，即广大的亚非拉地区；中国的区域国别研究，如同术语的模糊提法一样，重点与焦点依然模糊，或者有意模糊。其实，中国周边地区（包括海洋边界）、"一带一路"沿线地区、欧美等西方发达地区这三大板块，应该是中国区域国别研究的关注重点。

（二）两个不平衡、不对称

首先，译介与原创成果的不平衡、不对称。翻译与介绍，始终是国际区域研究和人文社会科学研究的一项重要的、基础性的学术工程，始终是人类文明交流互鉴的重要组成部分，在中国也不例外。从目前国内社会科学和外国研究的现状来看，翻译、介绍的成果与国内学人原创性成果相比存在严重不平衡、不对称的情况。但是，翻译介绍终究不能代替研究。其次，国际与国内研究被接受程度的不平衡、不对称。国际上对中国的研究已经很深、很广；然而，被国际学界接受的中国自身的研究成果却非常少，形成严重不对称的局面。两个不平衡、不对称制约了中国自身的发展，使国内与国际学界对中国研究的数量与质量形成鲜明的反差。

另外，中国的区域国别研究主要是以中文为书写语言、以服务中国国家战略目标为目的，是中国风格、中国学派、中国模式的学术研究。然而，中国的区域国别研究，并不因此意味着是封闭的、内卷的；恰恰相反，中国的区域国别研究应该同样是国际区域研究的重要组成部分，是新时代和新国际关系背景下对国际区域研究的丰富和发展。

（三）学科建设和实际研究中存在的问题

在学科建设上，从大学专业转型视角看，以前是语言问题，现在是学科问题；以前中国大学中设外国语学院（school of foreign languages），不是外国研究院（school of foreign studies）；以前，外国语学习主要强调语言的学习，对外国文化、社会、历史主要强调背景知识的学习，而非学科专业训练，而今，不仅要学好语言，也要精通外国文化与社会历史，同时强调将学科的分析与研究作为学生培养和学科建设的重要环节。从国家政治层面看，以前是意识形态问题，现在主要是社会与文化问题，尤其是关于中国学派、中国风格和中国模式的标识问题。

另外，有些高校讨论设置区域国别研究的院所与学科，没有聚焦在学术与学科建设等问题上，反而对项目经费和学科平台建设牌照的"热情"更大。这种现象需要我们深刻反思。

在实际研究中，很多研究并不是从学理、学术史层面做专业阐述，论证区域国别研究的学科问题，关于区域国别研究的论述过于简短，与政论性文章相似。这些论文的目的大多在于舆论宣传，并非真正的专业研究。毫无疑问，作为学术范式的区域国别研究，既不是"列国志"，也不是智库与报刊文章。这些诚然可以是区域国别研究的初级产品或副产品，却不能视为区域国别研究的主流。

二 区域研究的关联主题与历史发展阶段

讨论中国的区域国别研究，应该聚焦为什么、怎么样的重要问题。具体而言，在世界百年未有之大变局的背景下，全球中国、全球华人与中国周边，对我们的区域国别研究有重大意义，是与区域国别研究有重大关联的主题。

（一）全球中国

中国区域国别研究热潮的最大框架和依托是"全球中国"。全球中国，英文是"Global China"，主要是一个当下进行时与未来时的概念，中文则有时表述为"中国与全球化""中国与世界"，有时用通俗易懂的一个词——"中国梦"。实际上，全球中国是一个历史的、发展的、动态的和包容的概念：既包括中国的视角，又包括世界的视角，也包括中国与世界的相互关系；既包括现代中国的历史进程，又包括当下中华民族的伟大复兴，也包括"一带一路"、中外文明互鉴与人类共同体的重要内涵。

全球中国，是西方等外部世界关注和理解当下中国和中国发展的进程；是中国崛起、中国全方位改革开放、中国经济融入世界、全球华人团结、中华民族共同体意识凝聚、中外文明交流互鉴融合，以及人类命运共同体建设越来越关切的进程；是中国开启第二个百年奋斗目标，中国人民追求美好幸福生活的正当愿望，是全面建设社会主义现代化国家和中华民族伟大复兴的进程。

全球中国，表现为中国与世界越来越紧密地联系融合在一起，中国越来越走近世界舞台的中央；表现为大量新一代留学生、中国游客和孔子学院；表现为大量中国出口和进口，中国经济结构转型与创新发展，中国社会结构变迁与现代化发展，中国对外开放的全面升级、国际化水平的提升；表现为大量外国资本和外国移民持续进入中国，以及中国移民大量回流，等等。

全球中国，与全球化密切相关，更与改革开放至今中国的发展、变迁密切相关。全球中国，是坚持中国共产党领导与坚持人民至上、坚持独立自主与坚持理论创新、坚持中国道路与胸怀天下、坚持敢于斗争与坚持统一战线等十条宝贵历史经验的辩证统一。

全球中国，同时与近二十年国际中国研究密切相关。国际中国研究应该指的是关于中国与中国外延的研究，是全球中国发展的必然产物，其含义包括海外学人关于中国的研究和中国学人关于中国研究的国际化。目前，后者与前者相比，要逊色一些。无论如何，国际中国研究，应该是全球中国这个概念普及的重要推手。在国际学术界，中国人文社会科学研究主要是关于中国的，无论以中文、英文还是其他语种出版的，无论中国学人还是外国学人书写的，或者翻译成外文的中国学派或中国学人的论著。中国学人的或者中国学派的研究论著，能否被研究对象国或被国际学术界承认，能否产生积极的反响，从而成为国际学界关于某一区域国别研究中不可缺少的组成部分，应该成为衡量中国学派、中国风格的区域国别研究的试金石。

（二）全球华人

全球华人，既是全球中国的重要议题，也是全球移民的专门课题。华侨华人是全球华人的重要组成部分，也是全球移民的重要组成部分。

全球华人，是指在新世纪、新时代、新形势背景下的海内外华人，既有全世界范围的地理维度指涉，又有中华民族族群和文化的整体指涉，同时具有鲜明的时代特征。全球华人的议题，既关系到中国与世界的关系，又关系到中华民族共同体意识的构建和中外文明交流。中国和中国人，中华民族与中华文明，始终是我们讨论参照和关联的主线与大背景。这是中国区域国别研究的另一大特色。历史上大规模的对外移民潮，华侨华人与中国持续不断的连接通道，革命与民族救亡、侨汇与现代化建设、引进来与走出去，事关中华民族伟大复兴的事业，都与全球华人的重大战略议题密切相关。

实际上，全球华人与华侨华人是两组相互呼应、密切关联的族群共同体。说是族群共同体，是因为同宗、同源、同文、同种、同命运；说是不同的两组，是指海内与海外两个不同的层面。全球华人与华侨华人中的华人又有不同的概念含义：前者是族群文化的概念，与"中华"对应考察会更明确；后者是政治法律属性的概念，与"华侨"对应界定会更清晰。狭义的华侨华人则是专指海外华人，是全球华人的重要组成部分。

海外华人包括华侨、华人、新移民。实际上，在族群意义上的新移民同样可以称为华人。华侨华人与新移民，分别代表着不同的移民来源地、时间点。新移民不是改革开放前出国、已经成为华侨华人的中国移民，而是改革开放后出国留学的新一代移民。新移民有两大特点：其一，近二十年来很多外籍新移民回流中国，成为各行各业的专业人士与创业精英；其二，新移民同时包括近二十年来在中国走出去大背景下，以海外投资、经商创业、定居为目的的新世纪中国新一代移民。这一批移民，不仅大规模流向西方发达国家，而且流向亚洲、非洲和拉丁美洲等地区的发展中国家。

无论华侨华人还是新移民，他们都是中国革命、现代化、改革开放与中外文明交流的重要桥梁与使者，也是中国区域国别研究的重要对象。如果说"冷战"与现代化是第二次世界大战结束后美国区域研究兴起的时代背景，那么，"一带一路"倡议，同样应该是中国当下新一轮区域国别研究热潮的重大国际背景。"一带一路"是中国走出去、走向世界，并与世界互联互通的重大方略。

（三）中国周边

如果说欧美地区与中国周边是中国区域国别研究的两极，那么，非洲和拉丁美洲则是中国区域国别研究中具有重要意义的"中间地带"。中国是陆地边界线最长、邻国最多的国家之一，中国周边具有历史变迁与结构性当代发展的鲜明反差。对中国而言，一方面，历史上周边国家与中国边疆问题、少数民族问题、华夷秩序、东亚国际关系密切相关；另一方面，周边又与中国国际地位和当代亚洲国际关系的革命性变迁密切相关。

近现代历史上，亚洲的国际关系格局至少发生了三次革命性重组：第一次是19世纪中叶两次鸦片战争后，中国传统的朝贡体系崩溃，西方殖民主义霸权确立；第二次是20世纪中叶西方殖民主义体系瓦解、亚非拉新兴民族国家独立，美苏"冷战"；第三次是苏联解体，"冷战"结束，全球化与"全球南方"，特别是全球中国崛起。这三次国际关系的革命性重组，不仅深刻地改变了现代中国的历史发展轨迹，同时也深刻地改变了中国对外部世界的认识与理解。第一次是反对封建主义、对西方的认识与对南洋的大规模移民；第二次是以反对殖民主义和民族独立建国运动为中心的亚非拉第三世界国家互动与以意识形态为中心的"亚洲冷战"；第三次是中国快速发展与世界越来越密切地联系在一起。

中国区域国别研究的历史与后两次国际关系的革命性变迁及世界秩序重组密切相关，也与国际上以美国为中心的区域研究的发展轨迹大致相似。中美区域研究产生的背景相似，都是在世界大变局的战略交汇点，都是在作为全球强国的地位发生结构性变化的情况下发生的，都是为适应新形势下国内外战略需求发生的。不同的是，对全球中国而言，中国走出去与中国对全世界认知的需求，无论对中国周边、广大的亚非拉地区，还是对西方国家，都是非常迫切、实实在在和层次更高、要求更高的。

（四）区域研究的历史发展阶段

国际上的区域研究。国际区域研究产生于第二次世界大战之后，大致经历了20世纪五六十年代的繁荣，七八十年代的衰落甚至危机，90年代的调整与转型，以及21世纪之后的新生和发展。从发展时段来看，以"冷战"结束为界，之前为旧区域研究时期，之后为新区域研究时期。从更大知识谱系与更长历史发展视角来看，区域研究的大背景是东西方"冷战"与非西方的现代化，承接欧洲的殖民研究而来，逐渐发展为全球化研究，其共同的智识源泉是古典研究，而对立面是以文本与考据为基础的东方研究和以单一视角为依托的传统学科研究。

中国的区域研究。中国近代学术的对外开放与交流，也分为三个阶段：其一，鸦片战争后学习、翻译、引进西学，这一进程构成中国人文社会科学的重要支撑，一直持续至今；其二，中华人民共和国成立后，苏东与亚非拉成为研究重点，但这一过程是时断时续的，曾一度成为研究热点，后长期沦为边缘；其三，改革开放后，重新向西方学习，并开始关注周边，这一过程是当下重要的前进方向。应该指出的是，鸦片战争后中国知识界开始向西方学习的过程，并不能算是学术史意义上区域研究的开始，也许可以视为中国区域国别研究的前身。当前的区域国别研究不应视为第四个阶段，而应视为鸦片战争后中国对外研究的巨大改变和跃升。在某种意义上，中国的区域国别研究几乎是与美国的区域研究同步开始的，时代背景也是相似的。不同的是，因为国情与学术传统的差异，中国与美国区域研究的性质、内容、侧重点存在着根本性的差异。20世纪80年代之后，双方是相向而行、相互呼应的，都十分重视和关注对方的研究。

谈到中国特色的区域国别研究，有两点必须明确：其一，区域与国别之间表达的是国际与区域（international and area）之间，是国际的与地区的、国际关系与地区问题的维度；其二，作为研究的切入，区域与国别之间是区域国别（areas and nation-states），是经验研究与内外、整体的视角关联。区域与国别之间，同时是全球化、跨国化、国际化、地区化的视角维度。

区域国别研究既是中国研究的特色发明，又是有中国特色的研究创造。区域国别研究，或者国别区域研究，可以容纳所有的国别研究者，而不是部分容纳、部分排斥在外。从换位与重新定位视角来看，如果说区域研究（area studies）是以美国为中心的非西方研究和美国模式的国际研究范式，那么，中国的区域研究即使不能以中国为中心，也应该从中国视角出发。这是一个不可动摇的基本原则。

学术研究或填补空白，或订正谬误；或丰富完善学说论点，或回应热点；或是老问题、新观点，或是旧材料、新方法，或是新材料、新观点；等等，无论怎么强调中国区域国别研究的文明特色，都必须有与学界对话的关怀指向，都应拥有自己学术的立场定位。我们不能脱离这些学术研究的专业基本点，高谈阔论中国区域国别研究的学术传统与特色。

三　中国东南亚研究与新亚洲研究

（一）中国东南亚研究

从学术史脉络上看，20世纪80年代以前，中国东南亚研究传统上一直被称为"南洋"研究。鉴于华人的庞大数量、经济地位、移民与贸易的悠久历史，以及从中国移民到居留地的公民身份的结构性变迁，东南亚华人研究始终是中国东南亚研究最重要的组成部分。同样地，鉴于亚洲的"冷战"及东南亚华人与中国的关系，东南亚华人成为国际东南亚研究的重点，不仅视其为东南亚独立建国运动与公民权资格的重要议题，而且视其为东南亚"冷战"与现代化的重要工具。

中国东南亚研究的优势是中国与东南亚关系，包括政治、经济、社会、文化关系，特别是朝贡贸易、边界问题与中国移民等主题；是相关的东南亚中文资料记录，尤其是古代史研究；是有关华人学者对东南亚古代史的中文书写；是有关华人会馆与华人社区的档案资料与研究；是对中国东南沿海、西南边疆和南海的研究，甚至中西贸易交通史、季风亚洲海洋史研究，都必须关联和延伸到东南亚研究，等等。应该说，中国的东南亚研究在这方面的成绩是出色的。

在中国东南亚研究中，两种主要文本的专业书写与路径选择具有一定典型性。一是中文书写。至少在20世纪50年代前的东南亚华人学者用中文书写的东南亚研究，都应算是中国研究，不仅因为这一代学人是第一代中国移民，而且因为他们基本是以中国国家视角、中国身份认同书写的。二是外文书写与中文翻译，如第二次世界大战后，英国历史学家维克多·珀塞尔的《马来西亚华人》和《东南亚华人》、美国人类学家施坚雅的《泰国华人：分析的历史》、美国历史学家魏安国的《菲律宾生活中的华人》等，是非常重要的第一批专题性著作。至于20世纪80年代前后翻译的霍尔的《东南亚史》、温斯泰德的《马来西亚史》、卡迪的《战后东南亚史》、哈威的《缅甸史》，以及21世纪前后的《剑桥东南亚史》《马来西亚史》《东南亚的印度化国家》《东南亚贸易时代》《弱者的武器》《农民的道德经济学》《图绘暹罗》等一系列高水平的译著，应该是新时期中国东南亚研究迈上新台阶的重要标志。然而，这些依然是以翻译、引进、学习、介绍为主。

（二）新亚洲研究

如果说远东研究是殖民研究范式的标签，那么，亚洲研究则是远东研究的后世；如果说20世纪50年代兴起的亚洲研究是战后区域研究的样板，那么，近三十年来的新亚洲研究则代表了全球政治格局变迁下亚洲研究的新形势、新面貌、新视角。同样地，反对帝国主义和殖民主义与新兴民族独立建国运动，是20世纪五六十年代中国亚洲研究的热点。但是，中国的区域研究却更多地关注欧美日等西方发达国家，很少真正关注广大的亚非拉地区，更不要说亚洲研究本身。直到21世纪，这种现象在中国才开始有所改变。而新亚洲研究在亚洲其他地区比中国至少早出现二十年。亚洲的新亚洲研究模式大致有如下几大类：其一，新加坡、中国香港、印度，以及部分马来西亚、泰国说英文地区的国际化模式；其二，中国、日本、韩国、越南等传统的东亚研究模式；其三，受欧美澳等西方教育、回归本国大学或在亚洲各地大学流动的学人模式；其四，其他亚洲本土国家和地区模式，包括东南亚、南亚、中亚、西亚等地区。

新亚洲研究既具有强烈的后"冷战"全球化时代特色，又具有强烈的本土民族国家身份认同。历史、语言文化、社会经济发展与国际化开放程度等因素，构成了新时期新亚洲研究的动力。新亚洲研究，不仅指亚洲研究在亚洲与在西方开始相提并论，更重要的是有关亚洲的经验和知识生产，将会丰富人类社会的知识宝库。新亚洲研究，不只是"冷战"时代的亚洲研究向全球化时代的亚洲研究转型，不仅为适应亚洲变化，而且是亚洲的场域越来越成为亚洲研究的重要中心（不再仅仅是研究的对象而已）。亚洲的学者特别是新一代的学者，越来越成为亚洲研究的生力军，特别是与国际对话的亚洲研究的生力军。

（三）中国区域国别研究的专业书写

中国区域国别研究讨论的立足点是中国本身，对照的国际学术实践包括美欧的区域研究。这个定位是基本。然而，鉴于中国是世界大国与文明古国，鉴于中国国情，从中国出发的另一个中层维度应该成为我们考察中国区域国别研究的试金石。这个标准是现实。这是因为对亚洲而言，对中国周边而言，特别是对中国东南亚研究而言，中国的亚洲研究，特别是新亚洲研究，无论在哪个意义上，都是一个无法回避的重要参数。这个判断是基础。换言之，作为区域国别研究的范畴，中国的欧美研究固然非常重要，几十年来实际上也是中国区域国别研究的重中之重，然而我们却无法加入欧美研究的对话中，并且对亚非拉研究不足，特别是缺乏对中国周边的研究。应该清醒地认识到，长期以来，这种严重缺位、反差导致了中国区域国别研究的内在脆弱性。

在中国崛起、亚洲复兴和全球化进程中，中国区域国别研究、全球中国研究与新亚洲研究实际上是相互联动、密不可分的。在此背景下，虽然当前中国区域国别研究的兴起与第二次世界大战后美国作为全球强国地位确立后区域研究的发轫、时间点、范式是不同的，但其结构性背景与权力关系动力应该有相似之处。随着大学日益国际化，学术刊物与学术出版日益国际化、数字化，新思想、新方法、新学科、新资料、新问题与新需求越来越相互交叉渗透，对中国新一代人文社科学者的要求越来越高。

因此，对专业书写与路径选择来说，需要特别明确以下三点。

其一，在区域研究范式中，民族国家作为基本分析单位，不仅是国家的疆界，而且是族群、语言与文化的标识边界。在区域研究书写中，国家、族群、语言、文化和历史疆界应该是基本不变的，变化的是研究视角和框架，新的研究视角和框架远远超过了以前民族国家疆界所规定的范畴，变成了跨地方、跨族群、跨文化、跨国家、跨地区、跨大洲和跨海洋的多元互动与多元身份认同，并且这种新的多元互动与新的多元身份成为人类社会新的生活方式与发展动力。

其二，现代历史上，学术研究基本都是以民族国家的本土语言为书写媒介，以各自国家为面向，以国家自身利益为主要宗旨。"地理大发现"与工业革命，使世界发展成为一个地理的、经济的和政治权力关系的整体框架。英帝国一个半世纪的重要历史遗产之一是使英语成为国际化语言，而战后美国一直是世界政治、经济和科技中心，进一步加强了英语作为国际化语言的主导地位。世界各国的学术研究与书写不仅要以本土语言为媒体和本土民族国家为面向，而且要超越本土民族国家的语言与疆界，或通过翻译等中介传播手段，面向全球与全人类。知识生产的知识产权与专业市场面向，也不仅以民族国家为唯一标准，而是以更广泛的国际专业市场为面向和参照。

其三，中国区域国别研究的专业书写，有两个相互关联的重要面向非常关键：一是中长期研究的学术专业面向，而不仅是面向报刊媒体与政府职能机构。二是面向对象国家地区的国际化研究，而不仅是关起门来面向中国本土的专业市场。例如，南亚研究或欧洲研究，如果中国学人的研究分别在南亚、欧洲和国际南亚、欧洲学界被广泛引用，那么，我们讨论中国区域国别研究的专业书写应该就具备了良好的基本专业共识。

（原载《史学理论研究》2022年第2期）

大学综合改革与世界一流的建设

导　语

其一，论坛的主题是"大学之道"。何谓大学之道？在中国，最经典的说法恐怕是《大学》的开篇："大学之道，在明明德，在亲民，在止于至善。"用现代的话语解释，是三点，即教化、创新与卓越。换一种大学管理者熟悉的说法，也是三点，即教学、科研与服务。大学之道，还有一种说法，那就是大学精神，或大学逻辑，或大学理念，等等。

为了帮助更好地理解，不妨问这些问题：大学之道的本质应该是什么？世所公认的大学之道在世界是什么？大学之道在中国又是什么？中国的大学之道与世界的大学之道，相同之处与不同之处是什么？

无论何种说法，无论哪个大学，或哪国的大学，一致的根本原则是：大学都是传承文明、引领社会风气与常维新的，都是为各自的国家和社会服务的，同时也是为全世界和全人类谋福祉的，因而都是学术面向、真理面向、文明面向、全球和全人类面向的。一句话，本土性与普适性两方面的辩证统一，应该才是大学之道。

其二，我自己的讲题，无论是大学综合改革，还是世界一流大学，近十多年来的讨论，已经够热烈的了。之所以仍选择这个题目，在于当下大学综合改革具有重大现实意义，不仅因为全面深化改革是中国时代的主旋律，大学综合改革已成为中国总体改革的一个重要组成部分，而且因为当下中国高校改革不是孤立、个别行为，而具有普遍整体系统性质，尤其是其对大学治理能力与创新能力现代化的强调。这是与以前中国大学改革一个非常大的不同点。我既不是大学的管理层，又不是学院院长，只是以一位普通的专业教师，而且是以一名人文学科的普通教授的身份来讨论这个课题。所以，我今天的发言也主要是以这个视角定位的。这个题目非常大，我只是想以此为切入点、关联点展开讨论。实际上，我们北大民盟高教论坛连续举行了8届，讨论已经很深入、很成熟了。我的发言，如果有任何不妥之处，纯属个人意见，请大家包涵，并不代表北大民盟的观点。

几个基本定位

先谈大的方面。无论是大学综合改革，还是世界一流大学建设，了解如下六个基本定位判断，应该非常有益于我们对整个问题的认识。

其一，大学最重要的发展动力应该是教授，教授（同时包括副教授和助理教授）是以科研创新而传道授业，科研创新最基本的专业操守应该是学术独立、思想自由、专业至上。没有一流的大学师资，不会有一流的教学科研和一流的大学。然而，迟至近几十年前，中国大学的教授地位是错位和被倒置的，被视为"臭老九"和"反动学术权威"而被打倒、被改造。改革开放前后，邓小平一句英明论断"知识分子是中国工人阶级的一部分"才使得知识分子得以解放。

其后，中国大学基本状态是：大学的发展与管理，基本是领导与少数学术大腕的事，而不是广大教授的事。而学术大腕的评定也很难脱离行政权力与话语霸权的关联，不完全真正是学术第一的标准。更重要的是，教授的专业职位一直被虚化，被大学内行政管理人员弱化，被教授队伍内部各种名目国家级、省部级、副省级的"院士、名师、首席专家、教育部委员会委员、政府咨询专家、人才计划入选者"等称号淡化，被社会上许多官员和商人的客座教授、兼职教授异化，等等。

这些重要吗？当然重要。这些需要吗？非常需要。但这只能是非常状态，而不能常态化和机制化，更不能政治化。实际上，无论头衔如何改变，永恒不变的是：这些人最核心的专业职称依然是教授。反过来，如果教授的专业本位与定位被大量政治化、行政化、社会化，那么大学安身立命的根基将会动摇。

其二，大学精神之一，是根植于本土历史传统与文化底蕴。没有深厚的本土历史传统与文化底蕴依托，最终无法建设真正的世界一流大学。然而，中国大学的兴起比较晚，有两个先天不足：一方面是19世纪末20世纪初西化和现代性的产物，另一方面是以新文化运动颠覆传统文化、切割千年书院为前提的。"文革"中，更是以极端反西方、反现代、反文明为旗帜的。

结果，在传统与现代、本土与西方之间，中国大学一直没有合适地对接融合，底蕴、定位与方向都显示出严重困境。近十多年来，对创世界一流大学的各种争论，无论支持还是反对，除了学科背景的差异偏见，更多的是由于文化背景的不同，便是明证。然而，无论是正面还是反面，关于中国大学亟待改革的认识，都是高度一致的，从来就不成为问题，同样是明证。

其三，世界一流大学都是以人文科学为底蕴和支撑、基础学科与应用学科并举的。没有基础学科的理论支撑，应用科学将无法持续发展。没有人文科学的底蕴，自然科学将不会走得更远。然而，长期以来，中国大学重理轻文、重应用轻基础的发展导向，一直是不争的客观事实，也从根本上破坏了中国大学成为世界一流大学的知识生态环境条件。这应该是中国大学的另一特色。大学创新的主体，除了教授，便是博士。然而，遗憾的是，中国大学博士的含金量被大学研究生学位教育过度扩招而虚化，被向大量官员、商人在职人员批发而异化，被大批向本单位在职人员批发而弱化。这样的代价是大学成为招租寻租的名利场，成为近亲繁殖的工厂，严重地阻碍了中国大学专业化、国际化水平的提升。可以说，在相当长的时期内，中国大学仍难消化这种负面的影响。

其四，世界一流大学是与世界一流的国家经济社会发展水平相对应，并以法治社会为制度架构保障的。然而，直至20世纪90年代，中国大学基本状况都是在温饱生存中挣扎，人才主要是外流，而不是回归。同时，世界一流大学是以基本健全的学科发展架构为基础的。然而，中国大学这方面一直先天不足。直至1977年，中国大学才开始恢复全国本科生高考，1983年，北大才开始第一次授予博士学位，1985年，全国才推出中国十大博士样板，90年代末，才奠定研究型大学的基本学科与学位制度的基础架构。同中国大学的兴起一样，如今，中国大学的长足发展和进步，固然是中国广大学人努力拼搏的结果，但不能不承认，很大程度上也是向西方学习的结果。所以，正确的说法是：当下中国建设世界一流大学的时机条件才刚刚具备，创建一流大学的征程才刚刚开始。

其五，大学之道在于追求真理，在于创新与卓越，在于知识生产与文明传承，在于服务国家和社会。然而，服务国家社会在中国大学很多时候走过火了，变成了以积极充当国家智库和公共知识分子为荣耀，以积极包揽横向课题、开发、培训和创收为乐事。结果是：中国大学神圣的学术殿堂过度地功利地异化为市场经济、创收赚钱导向，过度地错位为政府政策研究室和决策智库的低级层次，偏离了以卓越创新的教研成果服务国家和社会的根本长期战略。

实际上，只有以一流的教学科研与人才培养为支撑，以卓越的理论研究、技术创新与专业服务为依托，才是真正可持续地完成国家和社会最重要的服务使命。以北大为例，世界上恐怕没有任何一所大学如北大那样与国家和民族的命运密切相连，承载着国家与民族的复兴梦想。这是北大创建世界一流大学的优势。但另一面是，意识形态化与行政化已成为提升我国一流大学专业化核心竞争力水平的重要制约瓶颈。所以，无论中外，一个永远不变的大学之道应该是学术自由与独立、学术卓越与专业操守、人文关怀与社会责任感。这是大学之所以成为大学最重要的条件和特征。

其六，近二十多年来，中国大学发展呈现至少两大明显趋势，即大学普及化与大学国际化。一方面，与几十前相比，上大学不再是少数精英的特权，大学毕业生也不必仰仗国家和政府的恩泽获取就业分配的保障；另一方面，与几十年前相比，国际化的一流大学教育已不再是政府与极少数精英的垄断特权，而成为许多中产家庭子弟和有为青年可能的选择。两种趋势的结果是：人才、生源、资讯的流动越来越频繁，国内各大学之间、中国与国外大学之间的竞争压力越来越大，教学科研质量的要求越来越高。如果留不住生源、留不住人才，那么，大学将陷于很大的困境。两种趋势都在倒逼中国大学进行综合改革，推动创世界一流的建设。

几个具体问题

刚才说了，基本共识是中国大学问题多多，需要进行全面综合改革。大学体制与治理改革，外部因素包括国家、社会与大学关系，以及大学与大学之间关系；内部因素包括学科发展、教学改革、师资队伍、管理服务等许多方面。这里，我仅选择如下两个专门问题来讨论。

其一，学校与院系关系对接问题。学校层面与院系层面之间对接存在严重的机制性缺陷，本来两者之间良好互动是维系大学教学科研管理高效率、高水准的最关键要素之一。

但是，奇怪的是：创世界一流很多时候几乎完全是大学的事，与院系无关。以大学名义进行的各种大型学术活动一般都是学校职能层面的公关表演，与院系实质性科研无关；都是校领导与职能部门的行政人员在唱戏，几乎与专业教授无关。

而另一方面，则又颠倒过来：大学的人事管理，完全是依靠院系直接对教授进行管理。教授入校后，无论延聘、续聘，还是解聘，大学人事部从来没有设时间窗口提前按规定与当事人建立直接书面联系，在规则与权责之间把关，结果几乎是院系说了算，矛盾当然也完全转嫁给院系。不是说院系这些关键环节不重要、不专业，而是说学校在该担责、该把关的环节，严重缺位。

各院系学术委员会的换届，大学几乎没有在制度环节、在资格

在伦敦（1999年10月）

与儿子凡凡在京都鸭川（2002年5月）

在新加坡国立大学中文系办公室门外（2009年2月）

在周南京教授家（2011年4月）

与新加坡何启良教授等朋友在一起（2015年8月）

在成功大学论坛上做发言准备（2015年12月）

与导师Sutherland教授在一起（2019年2月）

在博士同学Margit教授家做客（2019年2月）

与马来亚大学Lee Kam Hing、Danny Wong两位教授餐叙（2019年8月）

审查与程序安排上进行指导监督，结果几乎完全是院系党政领导说了算，矛盾当然也完全转嫁给了院系。更有意思的是，每年职称评审，各院系晋升名额竟然是由人事部分配统筹，然后再由各院系自己评。这样，本来是专业水准的教授职称竞争，首先在第一大环节被非专业的、各院系名额的行政分配严重异化。

其结果是，大学与院系之间的关系倒过来了：院系几乎代表学校，学校几乎全听院系。一方面，虽然各院系教授水平差异太大，但教授却都是同一水平的教授；另一方面，学部委员会、学校委员会层面，完全跟着人事部分配的名额走，跟着院系的提名走，几乎是走程序、不作为、回避矛盾，没有从学术标准上严格把关，实行淘汰制，连申诉的矛盾也回避——规定学校只受理经过院系学术委员会提交的申诉。一句话，学校与院系之间的关系很反常，没有实现各种机制的良好对接，主要靠行政关系维系，而专业职能委员会只是形式。学校与院系之间的关系很多时候是脱节的，很多时候又是相互错位，甚至是架空的。

其二，学术专业市场问题。中国大学学术成果最大的问题不是数量，而是质量。中国大学创建世界一流的当务之急，应该是培育一个统一的、成熟的、流动的专业市场。中国大学科研主体的角色位置目前基本是本末倒置的，专业市场发育几乎是不健全的，专业标准和操守很多时候是失范的。具体表现是：

大学与大学之间的人才流动是非常态的，仅体现在对少数高层次人才的激烈争夺、面子比拼上，而不是常态的流动、开放、进出的机制。大学内部相关院系的学术合作与智力交流互动一直流于形式；由于资源分配的相互竞争性，几乎没有交叉合作机制平台。大学学术讲座，听众主要是学生，而不是专业教师。

学术著作的出版，中国大学很多情况下是有权便可以出书，有钱便可以出书，有关系便可以出书，学术含金量大打折扣。这是需要加大改革力度与重新定位的地方。

中国主流的学术期刊，几乎依托两个最大板块：中国科学院系统和中国社会科学院系统，并且很大程度上首先是自己研究所同人的学术出版自留地，而不是依托大学系统和各个专业学会，大学专业期刊出版反过来成了边缘和补充。几十年前，大学学报在中国大学系统中一度成为生力军，但很快，各大学学报由于口径太宽、学科专业特色不强，被学界边缘化。而中国大多专业学会也是以行政为导向的，没有发挥应有的、独立学术专业导向功能。

中国大学周期性科研评奖是事务性、行政性、物质奖励性的，并未达到促进科研水平提升的效果，并未达到促进成熟的专业市场发育的目标。评奖评优变成了学校与学校之间的政治竞争，专业院系与专业院系之间、个人与个人之间的地位关系排名比拼。名额是按各专业院系单位、各大学地位分配的，因而各院系、各大学的提名推荐最重要，决定了以后的专业评审大局。评审的话语权很大程度上取代了专业的评审标准；年龄辈分的排序堂而皇之凌驾于专业的评审标准；行政职位的高低被默认为话语权的轻重；人际关系的潜规则，不仅运行于评委与申请人之间，而且运行于评委与评委之间，超越了专业评审的显规则。更有甚者，各级领导的批示竟然成为国家级、省部级专业学术评奖评优的重要依据，太不专业地把政治与学术混为一谈。这应该不是高层领导的初衷。还有，外部同行评议与专业书评是大学专业市场形成的重要标志，而这又是中国大学学术市场的软肋。

尾 论

我常在想一个最基本的问题，到底谁真正对中国大学负责？是教育部吗？当然是，但是教育部管的高校太多，多得管不过来。是大学党委书记和校长吗？当然更是，但他们却是有任期的，而且随时听候上面的任命派遣，会在任期内拼政绩，但可能不会从中长期发展战略来考量。是广大教师吗？说对了。但是，在中国一流的大学中，事实上却是全院全系开会往往变成许多院系最头疼、最困难的事。如此情况，能说大学属于广大教师吗？能怪广大教师吗？能调动和发挥广大教师的积极性与能动性吗？

当下北大综合改革有很多喜人的改变，学校定位方面，明确三条：其一，校长为法人；其二，校务委员会由国务院、市政府、社会贤达、校友、管理层、教授和学生组成，不再是校领导退居二线后的养老院；其三，新设监察委员会。然而，校长候选人却不是对外招聘、由校务委员会遴选、最后上报中央确定的；校长也不是职业的，而是双肩挑的和短任期的。学术方面，也有三大鼓舞人心的新举措：其一，专业教师将从全球公开招聘。其二，学术委员会为学校最高学术权力机构，并新设相应的专门办公室，并配备专职人员。其三，试行外部国际同行评议制度。然而，相关措施细则如何执行、实施过程中执行力度如何，都须拭目以待。

最后，我想指出的是，对于大学改革，很多大学各自进行了各种尝试努力，能做的表面文章都已经做过了，能玩的招数也都已经玩过了，现在是需要动真格、蹚深水的时候了。以前认为，大学改革是系统工程，不只是大学自己的事，需要国家与社会的大环境进行配套。然而，当下全面深化改革正在成为中国各级政府、各个系统、各个领域的主旋律，全国高校系统也不例外，也都在进行综合改革。这是中国大学千载难逢的战略机遇，必须牢牢抓住。以前认为，我国太穷、太落后，需要先解决温饱问题，才可再谈发展改革。然而，当下中国经济、社会结构型转型，恰恰更需要从教育尤其是高等教育中寻找原动力。中国能否跳出"中等收入陷阱"，最根本的出路应该在于中国教育尤其是中国高等教育竞争力的全面提升。再有，经过近几十年的快速发展，中国大学已经具备了全面综合改革的良好基础，而当下正在迎来改革开放后第三波代际更替的重要节点，这也是中国大学综合改革与创世界一流大学建设的重要前提和历史时机。

概而言之，中国大学综合改革与创世界一流大学建设，战略机遇千载难逢，历史使命光荣重大。国内、国际大形势与大学本身发展的大趋势，都清楚地表明，中国大学综合改革与创世界一流大学的成功与否，关乎中华民族的复兴、中国梦的实现，关乎全亚洲、全世界和全人类的福祉。

[原为2014年12月10日代表北大民盟委员会
在"民盟高教论坛"（北京）的演讲]

嘉庚精神、现代教育与华侨华人

先谈大的和总的观察。海外华人中，有很多富商、政治家、学者、作家与公共知识分子，这些著名人士，也许在各自居留地国家无人不知、无人不晓，然而超越国界，成为全球华人和全世界的出色典范，成为海外华人领袖中的领袖、精英中的精英，成为族群的、社会的、国家的和祖籍国的引领典范的，却是凤毛麟角。三个参数非常重要：其一，必须个人德性真正很高，事业成就非常卓越；其二，必须有社会与国家的情怀，立足社会、族群、国家；其三，必须有超越社会、族群与国家的关怀，具有全球视野和全人类面向。海外华人中，满足这三个条件的，政界孙中山是一个，他是中国革命的先行者；学界杨振宁是一个，不仅因为他与李政道共同为华人第一次获得诺贝尔奖的荣誉，而且为中美文化教育科技交流做出了开拓性的历史贡献；商界陈嘉庚是一个，不仅因为陈嘉庚是当时南洋著名的"凤梨大王""橡胶大王"，而且因为陈嘉庚在抗日救亡民族运动中的领导先锋作用，特别是因为陈嘉庚一生积极捐资兴学、积极兴办现代教育的伟大义举。所以，陈嘉庚能够得到"华侨旗帜，民族光辉"这么高的评价，确实非常了不起。

再谈个人的和直接的经验。1984年填报大学志愿时，厦门大学是我的第一志愿。吸引我的主要有三个地方：其一，南方海滨城市。南方亚热带气候与大海一直是我的情结。其二，经济特区。对改革开放的特殊飞地心存向往也是我孜孜以求的。其三，华侨情结与南洋风情。厦大校主是陈嘉庚，华侨情结与南洋风情应该是当初朦胧却坚定的心思。

进入厦门大学之后，深切地感受到，陈嘉庚、华侨华人与东南亚，与厦门大学、厦门特区、侨乡发展、对外开放紧密地连接在一起。上大学后，参观了集美学村，看到集美中小学、集美师范专科学校、集美航海专科学校、集美财经专科学校、集美水产学院等构成一个密集、综合、系统的学园，印象非常深刻，深深感受到陈嘉庚对现代教育的深厚情怀。无论是打通福建与外省的交通大动脉鹰厦铁路，还是连接厦门岛与大陆的集美海堤，还是收藏传承华侨华人历史文化遗产的厦门华侨博物院，每一个造福福建乡梓与华侨华人的大手笔，背后的重要推手都是陈嘉庚。

大学毕业后，我继续报考厦大东南亚方向的研究生。毕业留校教书后，我的专业兴趣仍然与东南亚和华侨华人联系在一起。到荷兰读书时，也是继续延续这条主线。到东南亚做研究时，看到了华侨中学、南洋大学，以及遍布新马各地的华小、独中。到北京大学就职后，因研究兴趣，与国务院侨办和中国侨联接触多了，更深刻地感受到陈嘉庚对华侨华人的一片丹心。

最后，到今日以陈嘉庚的名字命名的国际陈嘉庚基金会、陈嘉庚星，再到中国厦门大学回返马来西亚设立厦门大学马来西亚分校，无论是陈嘉庚回国定居后新加坡的陈六使和李光前，还是马来西亚的林连玉和沈慕羽，或者是今日许许多多的热衷华社华教事业的无名英雄，背后应该都可以追溯到一个共同的先进和先贤人物，那就是陈嘉庚。更进一步讲，他们所体现和传承的都是一个共同的核心灵魂与精神，那就是陈嘉庚精神。那么，到底什么是陈嘉庚精神？陈嘉庚精神产生的特殊历史时代背景是什么？陈嘉庚精神延续与传承的当代社会文化政治背景又是什么？ 我想，这些都是今天会议各位学者从不同角度讨论的主题。

嘉庚精神

嘉庚精神，首先是在特殊的历史转折和交汇时期形成的，以国家、乡梓、族群、教育与文化等大的关怀为己任的，以自发互助团结、自立自强自爱为支撑的民族精神。所谓特殊的历史转折时期，有两层含义：其一，当时的中国积贫积弱，处于半殖民地半封建时代；其二，当时华侨全部被视为中国子民，基本抱着在外漂泊寄居、最终期待落叶归根的心态。交汇时期，则同样具有两层含义：其一，中国处于从传统走向现代，从封建专制走向革命、民主、共和，从国共合作共同抗日救亡图存到中华人民共和国成立、国民党退守台湾和"亚洲冷战"的时期。其二，南洋华侨从闽粤传统自给自足的农民转变成南洋世界资本主义市场经济的工商业者，从侨乡的农民转变为南洋殖民开发的城镇化的开拓者、先驱者，从大部分为男性单身汉劳工开始逐步转变为正常居家生子上学求学的时期，从封闭、狭小、单一的原乡田园宗亲社会转变为与西方殖民者、本土社会与亚洲其他国家移民劳工一起共处的复合多元社会。 这应该成为客观判断认识形成嘉庚精神独特的基本历史特征和基本出发点。陈嘉庚是华侨华人的旗帜，嘉庚精神是华侨华人的精神，嘉庚教育是为华侨子弟办学，厦门大学从1921年6月初创到1937年7月改为国立，整整16年间，校长都是由来自新加坡的华侨林文庆一人担任，足以说明。

嘉庚精神，是以发展现代实业为基础的、以现代教育为导向的、以文化传承为宗旨的、面向世界和面向未来的时代精神。华侨华人事业最核心的基石是经商，华商是学校教育与文化传承的最重要领导力量与财政后盾，学校教育与文化传承则关乎华社族群政治与文化命脉的最核心场域。历史上长期以来，东南亚华社华商是聚上述三位于一体的关键连接。教育与文化都是传承的，传承的目的不是封闭，也不是保守，更不是自大；传承的宗旨不仅是为了族群代际的与传统的传承与福祉，而且是为了面向现代、为了面向世界、为了面向未来的与时俱进的开放、创新和发展。这里，陈嘉庚为厦门大学定的校训"自强不息，止于至善"即是最好的明证。

最后，嘉庚精神是弘扬中西交流、中外互鉴、包容开放、和睦友好合作的精神。南洋长期以来是东西方文化、宗教、移民的交汇地带，几个世纪以来饱受殖民主义政治经济统治。从厦门大学师范、商学、文学、理学四个学部设置，到集美学村水产、商科等专科设置，都可以窥探出校主陈嘉庚的独特匠心。

现代教育

嘉庚精神之所以能够世代相传，其中最闪耀的事迹是他倾资助学、兴办教育的义举，并且终其一生，孜孜以求，矢志不渝。厦门大学的不朽丰碑与遍布全球各地的无数厦大学子，也始终令校主陈嘉庚流芳百世、声名远扬。应该强调指出的是，陈嘉庚提倡的是现代教育。现代教育，既包括华文教育，又包括国文教育，也包括国际化教育。殖民主义时期，对各族群执行的是分而治之的政策，华侨子弟教育主要是以母语华文教育为主，其他语文教育为辅。东南亚各国建国后，各自建立国民教育体系，母语教育处于转型之中。其中，新加坡、马来西亚和菲律宾比较特殊。新加坡的特殊之处，是各族群母语成为官方语言，但英语成为政府和商业通用语。所以，学校教育的长期趋势是华文教育最终成为边缘的第二种语言。东南亚教育，有三个相互关联的基本点，应该非常重要。其一，最基本的一点是，母语的教育与文化的教育，是族群的根与民族的魂。其二，更进一步的要点是，只有当母语和族群文化的教育与国民和国家的教育有机地结合起来，相得益彰，族群的文化教育与国家的文化教育才能真正富有强大的可持续发展的生命力。其三，最高层次的要点是，无论是族群的教育，还是国家的教育，只有与国际化的一流教育标准看齐、接轨，族群的教育和国家的教育才能在世界政治经济社会文化互动中真正具有吸引力和竞争力。这三点应该是现代教育的根本宗旨。

近几十年来，在全球现代性的新浪潮下，亚洲大学发展呈现出至少两大明显趋势，即大学普及化与大学国际化。一方面，与几十年前相比，大学不再为少数精英所垄断，大学毕业生也不必仰仗国家和政府的恩泽而获取就业分配的保障。另一方面，与几十年前相比，国际化的一流大学教育已不再是政府与极少数精英垄断的特权，而是成为许多中产家庭子弟和有为青年的可行性选择。两种趋势的结果是：人才、生源、资讯的流动越来越频繁，国内各大学之间、国内与国外大学之间竞争压力越来越大，教学科研质量的要求越来越高。这无疑对高等教育提出了新的要求和新的挑战。这一点，特别值得我们马来西亚华社深思。

华侨华人

陈嘉庚本身是华侨，是南洋华侨的著名领袖。华侨华人是陈嘉庚最重要的牵挂依托，又是陈嘉庚最可靠的后方支持；陈嘉庚办教育的初衷与面向也主要是华侨华人，世界各地华侨华人都有重视教育、捐资助学、回馈社会的公益善举。东南亚各国华侨华人也都有重视中华语言历史文化教育的良好传统。然而，东南亚华人社会的独特性与重要性在于，在海外华人社会中，东南亚华人人口最多、规模最大、历史最悠久、经济最重要，以及在新马等部分国家政治上拥有参政、执政的合法性。简而言之，经济或者华商始终是东南亚华人社会最重要的动力。这一点判断尤为重要。进一步概括与思考，东南亚华人的重要性与动力还在于他们历史上积极成为东南亚各个重要经济领域的开拓者与参与者，始终站在时代的前列，与时俱进，长袖善舞，坚忍不拔，不屈不挠，开拓进取。具体而言，东南亚华人一直是东南亚开发的先驱，是贸易与城市化的开拓者，是积极的适应者与变革者，本质上是资本主义的、现代化的、全球化的，当然也不乏民族主义与传统文化的情怀。试想，从中国乡下移民南洋的第一代移民，20世纪初很多人便很快具有国际视野，懂得世界市场、股票的大潮瞬息变化，懂得技术革新、管理革新的重要性，懂得如何吸收西方先进的知识、技术与制度的重要性，懂得语言与教育的重要性，这是多么了不起的变化。

在马来西亚，族群与教育的关系联动，尤其是华文教育，具有非常特殊、非常鲜明的历史、政治、社会和文化含义。马来西亚拥有全球海外华人社会引以为傲的最完整和数量最多的高质量的独立中学体系。马来西亚拥有最系统和历史悠久的华基参政党和华基反对党。马来西亚华人经商才能与经济实力更是举世公认。诚然，由于殖民主义时期分而治之的历史遗产，由于后殖民主义时期族群政治的严峻现实，在马来西亚，教育与族群的问题，不仅与正常国家和社会下文化进步有关，也不仅与实现国家、社会、家庭和个人共同提升发展有关，更是远远超越教育专业领域，涉及语言政策、文化诉求和族群政治。幸运的是，在马来西亚，自始至终有一大批热爱华社、关心华教的热心人士，从商界到政界，从精英到"草根"，不分彼此，亲力亲为，令人敬佩。

曾几何时，英属马来亚一直是英联邦殖民版图上一颗耀眼的经济明珠，南洋马来亚华商一直是亚洲商场上的弄潮儿。曾几何时，马来亚大学成为东南亚大学国际化的样板，吸引着世界各地顶尖的东南亚学者和汉学家；曾几何时，当代马来西亚经济被誉为"亚洲五小龙"，经济二十年高速发展，失业率为零。然而，自1997年之后，每一次重返马来西亚，个人的印象是社会经济政治境况每况愈下，令人心痛。唯有心里默默地为大马和大马人民、为华社和华校祝福。

［原为"2018年嘉庚国际论坛"（吉隆坡）发言稿］

特殊的年代和特别的地方：饶宗颐与新加坡

一

　　饶宗颐是当代中国的国学大师，更是香港的文化符号；反过来，饶宗颐是香港的文化符号，更是当代中国的国学大师。饶宗颐成名成家，与历史时代和政治变迁密切相关；同样地，饶宗颐成名成家，更与当下时代和社会变迁密切相关。海内与海外，国内与国际，始终是饶宗颐学术人生与心灵寄托的两大维度。饶宗颐最了不起的地方，不仅是其对国学的深厚造诣，而且在于其作为通儒的赤子丹心。国学与中华情，海外华人与中国心，珠联璧合，凝聚于一身。

　　在东亚，1949年，国民党退居台湾、中华人民共和国成立后，与国共分裂、东西方"冷战"意识形态相对应，英国著名人类学家弗里德曼（Maurice Freedman）把香港、澳门、台湾及海外华人统称为"残剩中国"（"Residual China"）。在"冷战"背景下，"残剩中国"在西方被视为一个分散与边缘的地缘政治单元，但它又是统一的中国文化社会分析单元，是国际汉学家替代研究整个中国的实地场域和样板模型。在当时的政治语境里，相对于新中国而言，弗里德曼"残剩中国"的概念主要指以意识形态为分野的地理板块的边缘性与碎片化的政治特征，以及以私有化市场为主导的资本主义经济特征。然而，几十年后，"残剩中国"这一概念所没有阐发的当代含义更应该包括中国传统风俗习惯承继的文化特征，即以后所发展的类似"文化中国"的概念。然而，与"文化中国"去政治化的族群文化政治概念不同的是，"残剩中国"长期被忽视的历史文化传统内涵却很有鲜明对比的启发性。这是因为港澳台和海外华人社会恰恰是当下中国传统文化保存得最为完整、最具有承继性和连续性的地方，而在中国大陆，它们却在多次运动中被折腾得满目疮痍、物是人非。

从"残剩中国"到"文化中国"，经过中国近百年现代性历程和社会变迁，回过头看，正是这些传统文化特征，如今更是弥足珍贵。这些地区各自拥有一批来自中国大陆、具有深厚中国文化情结的杰出学者、国学家和文学艺术家，例如历史学家钱穆、小说家金庸、歌词作家庄奴和国学大师饶宗颐，他们各自融合了传统与现代、中国与世界的元素，而成为引领各自领域风骚的社会文化符号。这一时期，与有欧美大学留学背景的中国汉学学者在西方大学之间流动不同，一批受中文教育背景的汉学学者，主要集聚并在中国香港、台湾、澳门及新马等地的大学和科研院所之间流动。几十年来，正是这些杰出中国学人成为境外中国文化传统传承的重要脐带和传播的重要符号。饶宗颐作为香港的杰出国学大师熠熠生辉，是当之无愧且有无数的充足理由的。

在东南亚，反殖民主义的民族独立解放运动如火如荼，重塑了东南亚各国一系列重大内外权力关系版图，东南亚华侨社会面临着严重冲击。1955年，南洋大学在新加坡正式宣布创办，这是海外第一家以华文为教学媒介的大学，牵动着东南亚华社千千万万家庭和千千万万学子的心。1965年，新加坡被迫离开马来西亚宣布独立，走上一条立足自身国情和地区区情的独特发展道路。1968年，新加坡政府成立东南亚研究院。几乎同时，美越战争升级，地区政治安全形势与新马国内工运、学运和共产党游击战，一外一内，给东南亚各国的建国工程带来了严峻的挑战。

与此相对应，20世纪五六十年代，一大批国际海外汉学学者与新兴东南亚学者，云集新马两国；新马两国不仅成为国际东南亚研究生力军汇聚的前哨阵地，而且也是国际汉学家（包括境外中国汉学家）汇聚的场所。 在中国改革开放前的几十年里，台、港、澳以及新、马一直是国际亚洲研究、国际汉学、国际资本流动和海外华人社会文化流动互动交汇的重要平台和关键支撑点。这一时期，在区域内，作为华社族群语言文化符号的教育政策与去中国化历史文化传统政治的对外政策，相互交织，甚至冲突；在地化的东南亚华人的研究与中国中心的文史哲传统汉学研究，开始各自平行发展，甚至分野；前者越来越受到重视，后者显得越来越落寞。与此同时，与汉学绝然不同的发展局面是，东南亚研究开始风生水起，地区内本土的东南亚研究与地区外的国际东南亚研究，则相互呼应，开始成为一道亮丽的学术风景。

在更广阔的政治文化知识脉络谱系中归纳起来，至少有四大维度的转型进程，对理解把握国学大师饶宗颐，应该非常重要。其一，是中国从几千年的传统到一百多年的现代性转型进程。其二，是中国自古至今对外文化长期交流互动的进程。其三，是"二战"后开始的"冷战"、民族国家建构，以及中国对外重新开放、香港澳门回归和中华民族伟大复兴的历史进程。其四，香港与新加坡同为"亚洲四小龙"中的两个以华人为主的耀眼城市，分别是东亚和东南亚的经济与现代性的明珠，也是英联邦内华人学者（无论英文教育还是中文教育）国际化互动与流动的交汇平台。鉴于此，作为伟大变迁的亲历者、承继者和与时俱进者，饶宗颐恰好成为处于传统与现代、中国与世界、国家与民族、海外华人社会之间交汇代表性的国家文化符号。而长期定居香港的饶宗颐，更使这种国家文化符号赋予历史与当代特殊重要的政治意识形态含义。这种国家文化符号人物包括北大的季羡林、中国社会科学院的钱锺书和中山大学的陈寅恪。与大陆上述几位学者命运不同的是，身处境外的饶宗颐幸运地免于遭受"文化大革命"的冲击。与陈寅恪的悲惨命运不同的是，钱锺书和季羡林幸运地生存了下来，迎来了国家和个人学术生命的春天。季羡林和饶宗颐则更幸运，生命力旺盛，最终登峰造极，成为"国宝"。

二

饶宗颐学术的特殊意义却远不止于此。其一，他是自学成才的，没有受过大学教育，却饱读经书，成为国际学界承认的国学大师，本身非常具有励志和轰动的社会效应。其二，饶氏精通古文字，甲骨文和梵文，金石、考据和敦煌学，样样都是绝学，不是一般学者能够比肩的。其三，饶氏集中国古典学者技艺于一身，是当代通儒，古琴、诗词、绘画、书法都有很高的造诣。作为汉学家的饶宗颐，成名却始终在境外；饶宗颐在学界具有国际声誉，尤其是与印度、欧、美、日汉学大儒的密切联系和1962年荣获国际声誉极高的西方汉学奖法国"儒莲奖"，更是奠定了其在学界的地位。在此背景下，1968年秋，饶宗颐正式抵达星洲，出任新加坡大学中文系讲座教授兼系主任，进一步确立其在国际汉学界的地位。鉴于此，对饶宗颐在新加坡这段重要岁月的研究，对理解饶宗颐的整个学术人生和新加坡当时正处于重要转型时期的汉学教研状况很重要。澳门大学历史系杨斌博士慧眼敏锐，在新加坡国立大学历史学系任教十多年的专业生涯中，及时地捕捉锁定了这个重要的文化与学术课题，在一个非常恰当的年份和地点，推出了这部厚实而重要的专题著作，填补了饶宗颐研究与新加坡国际汉学学术史研究的一项重要空白，可喜可贺。

该书正文共六章，分别题为"南征""著述订补""南洋史地""南洋学案""交游""诗史"。全书订正了饶宗颐在新加坡大学执教岁月中的主要问题，涉及了饶宗颐受聘的各个技术性细节，叙述了新加坡华文学界专业学术团体南洋学会和新社及其学刊的互动，考订了饶宗颐在新加坡汉学研究，特别是古史研究、华文金石研究的重要贡献，还原了著名南洋学案"蒲罗中"论战的全部经过，勾勒了饶宗颐在新加坡交游和诗史的社会文化脉络，史料扎实，通篇富于历史学人的想象力，不简单。饶有趣味的是，"结语"一章，作者以中华文史为经，以香港和星洲为纬，在对饶氏学术人生长河的透视中，给饶氏在新加坡大学五年聘期做了一个意味深长的简要述评，感叹对比"香港、香港"与"南洋、南洋"。诚如作者所言："从1968年到1978年这十年，前五年基本在新加坡，饶宗颐郁郁不乐；后五年在香港，饶宗颐又如鱼得水。到了1970年代末，谁也无法否认，饶宗颐已经是一代宗师，是中华文化圈和国际汉学界的通儒。"（第345页）所以，就个人事业发展而言，如果说饶氏从香港赴南洋是荣任，那么，饶氏从南洋回香港很难说不是荣归。回归香港，就任香港中文大学中文系讲座教授兼系主任，无疑是一样荣光。作者言，"蹩脚的双城记"虽欲言又止，而"上座传经事已微"却已经是不争的事实，直抒胸臆，直接点题，发人深省。作者把饶氏在星洲五年的历史还原成一部360页的厚实大著，足见是下了很大功夫的。在书的"补记"中，作者特别追述了其原定于2018年2月10日早已安排好的饶宗颐在新加坡的学术讲座中新加坡学界与媒体对饶宗颐的追思会（饶于2月6日仙逝），应该代表了新加坡社会的及时跟进，是很有意味的。应该指出的是，时至当下，饶宗颐作为潮州地方、香港特别行政区和中国政府与社会的一种文化符号，独特的国学、汉学、亚洲与东方文化的符号，其影响已远远超越了学术专业的范畴。

不只是关于饶氏在新加坡大学执教的主题闪亮，该书的意义还在于，在已经出版的几种饶宗颐学术与传记著作中，作为专业的历史学人杨斌的这本专业学术著作，应该是别具一格的。该书的学术重要性相信不仅来自饶宗颐课题本身，而且来自时段与地域的重要性和专业上的高质量。鉴于饶宗颐在新加坡大学并未留下档案记录，著述主要依据已经发表的饶著、《南洋学报》和《新社学报》《新社季刊》其学生和同事的记述回忆，以及口述历史和实地考察，生动而翔实地呈现了饶宗颐在新加坡大学的学术与社会生活的基本脉络。有鉴于此，无法涉及饶宗颐在新加坡大学的教学和系务的重要内容，不能不说是遗憾。同样，关于饶宗颐在台湾"中研院"和美国耶鲁大学的两次客座访问也几乎不能专门记述，而两次访问的一年半时间占据饶氏在星洲短短五年的近三分之一，同样令人扼腕。究其实，除了资料匮乏外，可能与没有利用新加坡官方档案、报章资料和其他地方重要收藏史料有关，也与作者在短短两年半时间内完成此论著有关，同时与作者主要是为了撰写一篇长文而非专著的初衷不无关系。当然，由于时间仓促，编辑不到位，书中有些语句重复和打字错误的地方。希望该书再版的时候，作者能够在背景拓展、事件分析、人物性格和主题彰显上，进一步精雕细琢。

三

无论是中国香港，还是新加坡，都是很特别的地方；无论是饶宗颐本人，还是饶宗颐的时代，同样也是很特别的；饶宗颐滞港、抵新与返港的时机，也同样是机缘巧合的。1949年，因机缘巧合饶宗颐滞留香港，旋即受林仰山（F. S. Drake）教授赏识，被聘任为香港大学中文系讲师，从此人生轨迹突变。1968年，饶宗颐赴新加坡大学履新，荣任中文系首位讲座教授兼系主任，事业更是如日中天。实际上，从1966年饶宗颐接受新加坡大学聘书，到1968年他正式履新，虽然前后相差只有两年时间，但新加坡国内与国际形势却风云突变，大不相同。与其说这是新加坡的国家学术任命，毋宁说更关乎新加坡华社族群文化政治。履新后新加坡形势变化很快，这应该是我们理解饶宗颐当初接获聘书时踌躇满志、壮怀激烈的兴奋与他抵达后的落寞、离开时壮志未酬的挫折感的大背景。然而，无论如何，饶宗颐对新加坡华人金石碑铭研究与古史研究的开拓性贡献，功不可没。自其《星马华文碑刻系年》（1969）开风气之先以来，东南亚华人金石研究，无论是陈荆和、陈育崧的《新加坡华文碑铭集录》（1970），还是傅吾康、陈铁凡的《马来西亚华文碑刻萃编》（三卷，1982、1985、1987），或是傅吾康的《印尼华文铭刻萃编》（三卷，1988、1997），傅吾康、刘丽芳的《泰国华文铭

刻汇编》（1998），或是张少宽的《槟榔屿福建公冢暨家冢碑铭集》
（1997）与《槟榔屿华人寺庙碑铭集录》（2013）、庄钦永的《马
六甲、新加坡华文碑铭辑录》（1998），还是最近丁荷生（Kenneth
Dean）、许源泰的《新加坡华文铭刻汇编（1819—1911）》（二册，
2016），等等，几十年来都可以窥见学术一贯的脉络和传承。时过
境迁，2014年，加拿大的丁荷生抵新就任新加坡国立大学中文系
首位非华人的教授兼系主任，正是基于其对福建和东南亚华人庙宇
碑铭的历史人类学研究的重要贡献。

　　曾几何时，无论是闽粤贫苦移民劳工，还是中国知识精英和青
年男女，如同西洋、东洋一样，南洋一直也是他们心仪憧憬向往之
地。时过境迁，虽然南洋"淘金热"早已褪色，然而永不褪色的始
终是南洋热带的异域文化风情和南洋华人的不朽传奇。虽然亚太地
区历经沧桑巨变，但远东的香港和南洋的狮城依然是两颗灿烂夺目
的明珠，熠熠生辉，是华人世界的骄傲。历史总是惊人的相似，却
又惊人的不同；每个人都会有抵达与离开的时候，然而不同时间和
地点的抵达与离开，却会有着截然不同的命运，何止是"双城记"
的上演。饶宗颐远赴新加坡大学上任与返归香港中文大学的时机
都是机遇。但是，无论历史如何沧桑巨变，一代通儒饶宗颐在新加
坡大学执教的短短五年，都将始终是国际汉学史上中华巨儒投放在
南洋的一抹异彩。对饶氏学术人生而言，是这样；对中国与南洋的
互动历史而言，也是这样；对饶氏学术人生进一步拓展而言，仍是
这样，因为能够分别受邀在国学正统中心的"中央研究院"和国际
学术界著名藤校耶鲁大学客座一年半，其指标性的意义本身就是学
术认可的尺度。在这种意义上，杨斌博士做了一件很有意义的学术
工作。我相信，在不久的将来，在该书修订再版的时日，如果配以

一章恢宏大气的饶氏学术人生与饶氏学问述评的导论，它将更放光彩。相信杨斌博士是有这份功力的。

〔本文是为《上座传经事已微——饶宗颐新加坡大学执教考》
（杨斌著，香港大学饶宗颐学术馆，2018年）所写书评，
原载《读书》2020年第5期〕

中国与南洋、族群与教育：试论嘉庚情怀及其意义

前 言

值此机会，首先我要感谢陈嘉庚基金会的盛情邀请。能够受邀参加今日的论坛，我深感荣幸。荣幸之余，我还有两个很私人的缘分与大家分享。

其一，就主办机构陈嘉庚基金会而言，陈嘉庚先生是我的校主。1984年到1993年间，我在厦门大学求学7年、教书2年，前后共9年。厦大9年生涯改变了我的人生。我的硕士研究阶段报考方向是东南亚近现代史，博士研究阶段则是马来西亚华人史。我是上个世纪90年代第一个从中国大陆前来马来西亚从事博士论文田野调查的学人，因此，在申请办理研究签证过程中与内政部移民厅有过许多现在回想起来非常有趣但当时却很棘手困难的事情。本来我在荷兰留学攻读博士学位时，最有可能研究印尼华人史，但是由于当时印尼国内政治气候，无法拿到对中国籍学者华人研究的研究许可，而马来西亚当时与中国关系的政治环境却刚好解冻，于是我便选择了研究马来西亚华侨华人史。所以说，陈嘉庚先生间接地改变了我的治学方向与人生轨迹，延续了我与南洋和大马华人的缘分。

其二，就举办地巴生而言，我的马来西亚合作导师谢文庆教授在巴生出生。出生后正值日据时期，文庆教授随公务员父亲辗转在彭亨州 fraser hill，战后随父亲工作调动转到巴生港英华学校（现 methodist boys school）上学。谢文庆教授是享誉国际学界的当代马来西亚历史学家，2015年7月不幸逝世。我们之间的关系亲如父子，他对我影响至深。今天在巴生谢文庆教授出生地出席论坛，令我非常怀念敬爱的谢文庆教授。所以说，对我而言，通过陈嘉庚先生，通过教育，我与谢文庆教授、与南洋、与华侨华人，密切联系起来。这是我的缘分，也是我的幸运。

主办方陈嘉庚基金会，给我的命题作文，主题非常重要、非常有趣，也非常宏大。所以，这些天，我一直躲在酒店房间里做功课。然而，在非常有限的时间里，我还是经不住诱惑，关联中国与南洋、族群与教育这两个宏大课题，与大家一起探讨分享我个人对陈嘉庚先生的情怀及其意义的心得。

中国与南洋

陈嘉庚既属于南洋，又属于中国。既是形象鲜明的历史伟人，又是鲜活的精神领袖。改变20世纪中国历史的三个伟人政治家分别是孙中山、毛泽东和邓小平。孙中山来自海外，本身是华侨。而在海外华侨华人中，孙中山与陈嘉庚是两面最鲜艳、最值得骄傲的旗帜。孙中山是中国革命的先行者和中华民国的创始人；陈嘉庚则是华侨旗帜、民族光辉。一位是伟大的革命家和政治家，一位是伟大的实业家和教育家。一位来自美国檀香山，一位来自南洋新加坡。相同的是，两位都是杰出的爱国主义者和民族主义者，爱国爱乡、救国图强的理想和情怀都是一致的。同样相同的是，两位领袖在中国始终是被尊敬、被怀念、被歌颂的，然而在南洋两位却有几十年被禁止提起，直到最近世纪之交，纪念活动才越来越火热。究其实，原因在于两位领袖与中国的密切关联，以及与华侨华人的密切关联，在于华侨华人与本土化国家和社会的密切关联，在于与亚洲"冷战"政治的密切关联。

无论在中国，还是在南洋，陈嘉庚的名字都如雷贯耳、家喻户晓。这固然与他作为富商巨子有着不可分割的关系，但更与他超越个人利益的国家、民族、社会的大爱博爱密切相关。陈嘉庚的名字，与他创办集美学村和厦门大学密切相关，包括小学、中学、商业专科、航海专科、水产专科和大学，也与他不遗余力地奔走呼吁修建连接厦门岛和大陆的厦门海堤以及连接福建与外省的鹰厦铁路密切相关，还与他积极捐款捐物创办厦门华侨博物院和中国华侨历史博物馆、弘扬广大海外华侨的历史文化密切相关。更重要的是，陈嘉庚的名字，与他作为广大华侨华人的领袖，积极奔走呼吁，发动广大侨社，筹款筹物、出钱出力，抵御日本入侵、救亡图存的民族主义热血丹心密切相关，与他心系侨社、情牵南洋、关心侨社福祉、维护侨社权益密切相关。所以，陈嘉庚跨越中国与南洋，同属中国与南洋。

族群与教育

无论在旧中国，还是在殖民地的南洋，贫困、愚昧、落后、被欺负、被压迫，一直是国家和民族的大殇，海外华侨更是有着切肤之痛。祖国强大、民族复兴，一直是广大海内外中华儿女的梦想。

与经济和国防一样，文化与教育，更是富国强兵、救亡图存的王道出路。如同文化与教育是密不可分的孪生兄弟一样，族群与文化也是相互辉映、互为因果的。文化是族群的魂，教育是文化的根，已是广泛的共识。文明之间的交流融合，本质上是族群之间的交流互动。反之也一样，族群之间的交流互动，也是文明之间的交流融合。人类历史上，各个不同族群，各自创造了不同的文化，相互吸收了各自不同的文化，从而构成人类世界多姿多彩的灿烂文明。同样地，文明的兴衰，与族群的存亡和国家的兴旺，唇齿相依。于是，人类历史上，教育成为全世界各个民族、各个国家、各个文明、各个社会、各个家庭和各个人必不可少的基本需要和重要战略选项。

在马来西亚，族群与教育的关系联动，尤其是华文教育，则具有非常特殊且非常鲜明的历史、政治、社会和文化含义。马来西亚拥有全球海外华人社会引以为豪的最完整和数量最多的高质量的独立中学体系。马来西亚拥有最系统和历史悠久的华基参政党和华基反对党。马来西亚华人经商才能与经济实力更是举世公认。诚然如此，但由于殖民主义时期分而治之的历史遗产，由于后殖民主义时期族群政治的严峻现实，在马来西亚，教育与族群的关系，不仅仅是正常国家和社会下文化进步的关系，不仅仅是实现国家、社会、家庭和个人共同提升发展的关系，更是远远超越了教育专业领域之外，关乎语言政策、文化诉求和族群政治。幸运的是，在马来西亚，自始至终有一大批热爱华社、关心华教的热心人士，从商界到政界，从精英到"草根"，不分彼此，亲力亲为，令人敬佩。今日的隆重集会表彰和踊跃出席的千人宴，便是最好的例证。

嘉庚情怀

相对于耳熟能详的"嘉庚精神"一词，在今天的论坛集会上，我个人更倾向于使用"嘉庚情怀"一词，虽然我也深知"嘉庚精神"更高大上。这并非我个人故意标新立异，而是觉得作为历史遗产的"嘉庚情怀"一词更能切合当下现代背景下的社会文化氛围。那么，何为"嘉庚情怀"呢？

其一，嘉庚情怀，是以关心国家强盛和民族复兴为己任的大情怀，是以维护和促进广大华侨社区福祉为面向的。嘉庚情怀，立足事业发展的个人根基，瞄准教育自强的千秋大计，胸怀国家，心系族群，跨越中国与南洋，连接华侨与华人传承。

其二，嘉庚情怀，展现的是一代华侨文人陈嘉庚先生崇高的人生境界与家国情怀，远远超越了其个人的和时代的局限，穿越了历史。从陈嘉庚，到陈六使和李光前，再到林连玉和沈慕羽，然后到今天千千万万陈嘉庚的热情追随者，一代又一代，延绵不断，激励着每一个海内外中华儿女的赤子之心、乡土之情。

其三，嘉庚情怀，是立足国家与族群，传统与文化，但是却目光远大、胸怀宽广；是中西结合，对外开放，与时俱进。嘉庚先生本人，一身标准的西装大衣、眼镜、礼帽和文明拐杖，便是很好的明证。所以，华人教育，不是抗拒英文教育，不是抗拒西方文明，不是因循守旧和故步自封，更不是歧视、傲慢和偏见，而是开放和包容，是向世界各个族群和各种文明和文化学习，是取长补短，和睦共处，共存共荣。

在中国与南洋之间，在国家与族群之间，在实业与教育之间，在筑堤修路与社会经济发展之间，在文化遗产与对外交流之间，在历史与当代之间，陈嘉庚先生是一座不朽的丰碑、一面鲜艳的旗帜和一个鲜活的榜样，是华侨华人，尤其是新马华人的骄傲。

几个世纪前，因为贫困和生活所迫，成千上万的闽粤华侨远离故土下南洋谋生。历史车轮滚滚，中国现在已成为世界第二大经济体，中国的发展以及大规模的对外投资，已然惠及亚洲和全世界。回顾历史，缅怀先人，展望未来，在中国倡导的"一带一路"互联互通的愿景下，亚洲与世界及中国与东盟的双边关系将更加前景光明。华侨华人一直以重视文化传统、吃苦耐劳、勤劳节俭、与时俱进、善于经商、操多种语言闻名海内外，在"一带一路"倡议的规划中，相信更是携得天独厚之势，未来可大展宏图。

当下，中国与东盟双边贸易高达5000亿美元，未来五年更将翻番，达1万亿美元。马来西亚，作为"一带一路"沿线重要国家，作为海外华人重要集聚地，作为中国在东盟最大的贸易伙伴国，更是大有作为。华侨华人，一直是中国对外开放、现代化和国际化的重要动力和重要窗口。2016年10月19日，中马合建马六甲港口的奠基仪式举行；10月31日，纳吉布首相将访问中国7天，隆新高铁讨论将会在议事日程中，便是最好的明证。在国际化大潮中，华人教育前景将会更加美好。

嘉庚情怀不变的历史遗产，延绵的当代意义，也正在于此。祝福华文教育，祝福大马华人，祝福中马关系，祝福亚洲复兴与世界和平。

谢谢大家。

〔本文系2016年10月22日"陈嘉庚基金会论坛"演讲稿，
原载《嘉庚会讯》（马来西亚，半年刊）2017年第3期〕

回忆与怀念：周南京教授与中国华侨华人研究

　　人的成长，固然是不断求知的过程，也是不断感化的过程。成长中，固然有刻骨铭心的挫折，也有春风化雨的关怀。人到半百，人生已然处在一个非常关键的节点。2015年大年过后，我在厦门大学的师母沈仁松教授离开了。同年7月，我在马来西亚的导师谢文庆教授也走了。在我心里，他们都是我生命中如同亲人般的贵人。2016年5月，周老师安静地离开了。两个月后，我母亲也离开了人世。如同我母亲离世一样，对我而言，周老师的住院和离世，很突然，很意外。我一点思想准备都没有，甚至连悲痛机会都不给。转眼间，生命中很重要的人不经意中一个一个先后离开，谁都会很难消受。虽然知道这一天迟早会来临，但逝者离开后留下的那份难舍滋味，却经常涌起，不好受。

　　2016年春季学期我开了三门课，课业相当重。与此同时，家母也因摔倒一直病重卧床不起。个人呢，则饱受恼人的颈椎职业病和年龄病的折磨。4月29日，我正在家里备课，接到很久没有联络的吕师母电话，心里隐隐有一种不祥预感。以前若有联络，每每都是周老师自己打电话给我，吕师母一般很少打电话的。吕师母说，周老师住院了，在电话里告诉了我周老师病情的严重性。如同吕师母的电话一样，周老师病情恶化很突然，事先并没有什么征兆。第二天是周六，早晨我和我太太一起到北大校医院探望周老师。见面时，大家心照不宣，不谈病情。周老师精神很好，一如既往地乐观、开心和幽默。当着我太太的面，我还特地解释，我与周老师之间平时一直都没有刻意的嘘寒问暖，等等。周老师一句自然平淡的"自己人不必客套"的真情流露，让我感到隔代人的相知。温暖的同时，暗暗恨自己，觉得自己其实很庸俗。我立即将周老师病情向中国侨联和国侨办相关单位做了通报，心里却相信，周老师应该会没事的，能挺过去的。2009年夏天，几次大病那么严重，他都缓过来了，相信这次也会一样。所以，中间我仅仅去看望过周老师一次。17日下午一点半左右，我正在家吃饭，再次接到吕师母电话，说周老师快不行了，我立马放下碗筷向校医院奔去。赶到医院电梯时，发现周老师一位女婿刚落后我几步。我没有坐电梯，直接上楼梯。到了病房，发现周老师心脏仍在跳动，人已经没有了意识，满脸安详。2：08，周老师离开了我们。

我与周老师从相识到相知，应该是很有缘分的。然而，这种缘分，起初并非是刻意经营、有意为之，而是一个自然、平淡、缓慢和长期的过程。除了东南亚研究与华侨华人研究的共同情结，到今天我仍在想这个问题：我其实并没有为周老师做啥，为什么周老师会对我个人如此厚爱？早在厦门大学做学生时，周老师的大名于我便不算陌生。我在厦大留校任教后，听说其大名，更多是与他组织编写的浩大工程和获取一笔巨额赞助基金相关。1993年到荷兰留学，因荷兰与印尼殖民主义历史的关系，作为印尼归侨和治华侨史的学者，周老师的名字更是在谈论中被经常提起。回国之前，有关周老师的传闻主要是与《华侨华人百科全书》主编以及他强烈的个性有关。加盟北大之后，因我个人性格局限与不懂事，印象中我从未给周老师打过电话，遑论到府上向周老师请安。直到2003年秋季，我应李安山教授之邀参加在北大举办的一个华侨华人学科建设研讨会，才第一次一并正式见过周老师、梁英明老师和丘立本老师。见面时，照例一般性客套，没有任何刻意的想法，会后依然淡然。随着在国侨办、中国侨联、中国华侨历史学会座谈会、团拜会和北大研讨会发言见面机会越来越多，大家都是秉性难改的直肠子，各显本色，都是心里有啥说啥、想说啥便说啥，不会刻意看人脸色。久而久之，后来偶然听人说，周老师说我很对他的脾气。我不知是否真的是这样，反正我从未向他求证过。

记得有一天，中心原秘书长李安山老师对我说，要我接任他的职务。我与周老师个人接触才开始逐渐多了起来，但也仅限于中心业务的范畴而已，私交其实并不多。除了性格因素外，其他的原因可能与自己小孩年幼、家务繁重、个人事业发展打拼等世俗生计相关吧。2009年2月底，我从新加坡客座回校赶上春季学期课程。自己还没有来得及知会周老师，奇怪他竟然知道我回来了。3月初，他亲自打电话到我家中，说要让我接任中心主任。坦率地说，我对此是感到很突然的，一点思想准备也没有，当时予以婉拒。我是知道周老师脾气的，怕电话里说不清，说周五我会到他家拜访并详细解释。经过两个小时的解释和说明后，周老师仍不为所动，甚至说这是中心大部分老师的意见，不然中心将就地解散。中心被解散的责任，我个人是承担不起的；同时我对周老师关于华侨华人研究的一片苦心，感同身受，深感责任重大。同年夏天，周老师突然生大病，进了重症监护室。吕师母告诉我，周老师进监护室前，仍念念不忘中心事宜，特地向她做了专门交代，并要她尽快全部交接与我。我知道，这不仅是信赖，更是一份沉甸甸的责任。自此，我做事做人反倒比以前拘谨小心了许多。

学界公认，周老师是一位个性鲜明、性格强势的学者。不过，周老师本人对此倒是清醒自觉的，并且一直是引以为豪的。清醒和自觉，不仅指有意而为之，而且清楚其中的后果。引以为豪，明明知道个性鲜明意味着什么，却依然我行我素、无怨无悔。这很了不起，不是很多人能够做得到的。凡此种执着，任何人倘若没有足够的底气与敞亮，实力与坦荡，相信也都是无法坚持到最后的。而同时又要做到自己不会因此被伤害、被扭曲，这更不简单。对此，他自己写道："坦率地说，北大的老同事、老朋友曾经奉送给我各种外号，他们当然是根据与我多年相处［的经历］，抓住了我的性格上的某些特点而戏谑我的。例如，周大炮，因为我平时直言不讳，敢于提出自己的见解（很荣幸，孙中山也有此外号）；周克鲁（克鲁是无政府主义者克鲁泡特金的略称。大家知道巴金早年是一位无政府主义者，巴金二字是巴枯宁和克鲁泡特金的略称。但我不是无政府主义者，而只是自由主义者，在性格上不喜欢约束，喜欢我行我素，故老朋友给我这样的外号）；实干家；拼命三郎……在老同学、老朋友、老同事给我的外号中，就是没有'见钱眼开'这一条。"[①]

尽管周老师是"大炮"性格，但他绝非是鲁莽行事的。他的种种坚持，除了与他不服输、不信邪、不屈不挠的顽强有关，实际上更是以一种个人价值观与职业操守原则为底线和依托，并且是以一种周氏风格的率直与抗争方式进行的。大凡熟悉周老师个人家庭背景与印尼华人族群经历的人们，对此应该是不难理解和不以之为奇

①《周南京有话说》，香港社会科学出版有限公司，2006年，第174—175页。

的。记得在厦门开会晚上一起散步时，我曾有意识地问他：有无在历次政治运动中被批斗过？他回答说，从没有过。必须承认，当时听后我是吃惊的。后来我私下想，这固然或许与周老师年轻时撕毁荷兰出生证书、脱离资本家家庭回国读书的底气和硬气相关，与周老师刚正不阿的强势个性不无关系，也与周老师的斗争智慧不无关系。所以，周老师虽然有"斗士""大炮"之誉，但他却不是政治不成熟、鲁莽蛮干的一介书生。相反地，我相信，周老师是懂政治的，不仅具有很高的政治智慧，而且很有一套周氏风格的斗争策略和技巧。

怀念任何一位学界长者，于公于私，既要述及个人之间的交往，又不能回避逝者对学科的重大贡献。如同时代学人一样，周老师治学，真正开始于改革开放之后。虽然身为华侨，有意思的是，周老师直到那时才开始从事华侨华人研究。同样有意思的是，虽然周老师来自印尼，并且印尼是东南亚最重要的大国，然而周老师却舍近求远，首先治菲律宾华侨华人史，而不是得天独厚、近水楼台的印尼华侨华人史。周老师本人说，他治菲律宾华侨华人史，是机缘巧合。直到上个世纪90年代后，周老师才转而开始研究自己侨居国的印尼华侨华人史。不做与做之间取舍，却绝不是机缘巧合而已，应该是经过仔细掂量之后的慎重决定。因此，周老师应该是讲政治的，一点都不任性。

在中国学界，周老师被熟悉和景仰于跨越两大领域：东南亚研究与华侨华人研究。在国际学界，周老师为人共知，同样贯通两大领域：华侨华人研究与东南亚研究。之所以两大领域之间颠倒次序，不是故作文字游戏，一方面，在国内学界周老师前半段职业生涯是与东南亚研究关联更密切，后半段则主要治华侨华人史；另一方面，在国际学界，周老师学术声名广为人知的是世界各国的华侨华人研究学者，影响远远超越了东南亚研究的地域范围。在国内学界，纵向比较，周老师与韩振华、朱杰勤等前辈学者并驾齐驱；横向比较，周老师与梁英明、丘立本等同辈学者并肩奋斗。从亚非拉史一般编纂，到专攻菲律宾华人问题研究，再到一般华侨华人研究，进而到印尼华人问题研究，周老师的治学道路深刻地受到现代中国政治发展和对外开放轨迹的影响。

周老师一生论著多产，种类繁多，包括专门研究论著、词典与大百科全书、理论文章与翻译作品、报刊杂文、诗歌文集，等等，涵盖了周老师一生不同阶段的学问人生。大致而言，主要分为如下几大类。第一类是最广为人知、他本人最骄傲、投入精力最多也最能体现其组织管理能力与不屈不挠的意志力的是两个工程浩大的项目的主编：《世界华侨华人词典》（1993）和《华侨华人百科全书》（十二卷，2002）。第二类是关于印尼和菲律宾华侨华人的两本专题学术著作：《印度尼西亚华侨华人研究》（2006）和《菲律宾与菲华社会》（2007）。窃以为，前两大工程项目主编的广泛社会政治影响遮蔽了后两本学术专题论著的厚实功力。第三类是关于东南亚历史与东南亚人物和政治问题的论著，包括著作整理、资料汇编、翻译、审校和主编：其一，整理巴人遗稿《印度尼西亚古代史》（上下册，1987）和《印度尼西亚近代史》（上下册，1995）；其二，《印度尼西亚华人同化问题资料汇编》（合作编译，1996）、《印度尼西亚排华问题》（资料汇编，合作编译，1998）、《政治漩涡中的华人》（译著，2004）、《境外华人国籍问题讨论辑》（2005）、《黄仲涵财团》（译著，1993）和《萧玉灿传》（译稿审校，2001）。第四类是周氏特色的杂文与周氏才气的诗集，包括《周南京有话说》（2006）、

《周南京诗集》（2014）和《柳暗花明诗词集》（2015）等，涵盖自然、社会、政治、学问、人生、亲人、同学、同事等非常广泛的论题。无论是爱情还是友情，无论是年轻时的逸事趣事还是年老时的回忆记述，周老师都是真情流露、毫不掩饰，是非对错，泾渭分明，尽显其一贯的张扬率真、敢爱敢恨、天马行空与侠骨柔情的本色。

如此写意与任性、透明与率真、多彩与清醒，不是一般人可以坚守的。支撑周老师个人强大内心的，除了其秉性，应该最终与一份大情怀密切相关：对回归的祖国、对出生地的南洋和对华侨华人研究事业，周老师的赤子之心与拳拳之情，清晰鲜活，跃然纸上，溢于言表。"胸怀中国，心系南洋，情牵侨史"，此三位一体的学术人生与情怀，我相信，自始至终贯穿了周老师一生，并且忠贞不渝、痴心不改。这应该是周老师可敬可爱之处，也因此塑造了他的人生历程。人生如此，不枉一世。周老师是骄傲的，也值得骄傲，应该有无数理由安息了。难怪他走的时候也是静悄悄的，没有与许多亲朋好友告别。即使身后，周老师也是毅然选择魂归大海。不仅浪漫，而且一往情深；不止豪迈，也许还有心愿和寄托。

（原载菲律宾《世界日报》2017年5月28日）

我的厦大、我的青春：追思陈兆璋教授

　　对很多人而言，回忆与怀念，平常而又私密，时不时突然浮现于脑海，不必说出来，不会写下来；或者说没有机会说出来，来不及写下来。所以，很多时候，人们心底里时不时会突然涌现对自己生命成长有影响的人和事，它们可能瞬间之后又沉落心底，尘封于私人的记忆，人又重新回到现实生活的洪流中。所以，回忆与思念，不一定会让对方知道，也可能会刻意不让对方知道。这时候的回忆与怀念，只有生动与感动，不会有怅然和悔意。然而，当下的追忆却不同，因为我所追忆的陈兆璋老师已然作古，而我却没有，也不会有机会向她表达我深切的感受了。

　　怀念一位老师，总是与老师的深刻影响有关，这是很私人的情感。只不过个人的成长经历因为不同老师的深刻烙印而生动，所以便不仅仅是个人的事情。通过传道授业，老师与学生连接的，实际上是一个时代，成长、变化和骚动的时代。学生若是处在人生的转折时期，则老师们的关注与影响，尤为重要。除了时代的与生命的尺度，地域的坐标，也令回忆与怀念，变得饱满而丰富，定格为机构的和群体的画面。厦大历史学系很多人，对我一直是有恩的。那个时代的厦大老师，心地特别善良且敬业。自1984年9月入学始，到1993年9月离开，我在厦门大学求学与教书前后9年，刚好是我生命成长中最骚动、求索和苦闷的9年。陈兆璋教授是我上大学一年级的授课老师，对陈老师的回忆与怀念，更是与我青春、热血和逆反相关联的。所以，今日对兆璋老师的追思，同时牵动了我对厦大历史学系昔日许多师长、同学的美好回忆。

做一位率性与纯真之人，已很不易。做一位才气横溢、骄傲自信的女性学者，更难得。做一位有定力，能够经受大风大浪考验而依然保持率性、纯真、敬业、自信的妻子、母亲、学者和老师，最了不起。然而这些，兆璋老师都做到了，始终如一，令人景仰。兆璋老师应该为此而骄傲。当时厦大历史学系世界史有著名的"三女杰"，即黄松英老师、庄解忧老师和陈兆璋老师。"三女杰"的夫君都不同凡响，都是当时厦大响当当的人物。上大学时，寒门子弟的我内向而自傲、卑微却自我，逆反得很，不善于与老师沟通交流。所以，我与兆璋老师的私人联系并不多。课堂上，主要是大一时候上她开设的世界中世纪史课程。那时，厦大历史学系教授很少，副教授便很了不起。大学一年级有副教授能给我们上基础课，对我们应该是一件很幸运的事。更何况，早已听闻兆璋老师是有名的才女，解放前厦大历史学系的高才生。所以，对兆璋老师，我们不能不刮目相看。

兆璋老师是一位敬业和专业的学者，以致敬业得纯粹，专业得可爱。印象中，她散射着受人尊敬的知识女性的雅致，兼具长者的慈祥与威严。当时，我很逆反，多门课不记笔记，但求及格即可。但兆璋老师的课，却是少有的例外。不自觉中，竟有一份想获得老师认可和证明自己的冲动。印象最深的是兆璋老师专门安排了一堂讨论课。这在当时可是非常前卫而先进的，尤其是对大学一年级第二学期的新生而言。而我却幸运地或不幸地被选为小组代表上台发言。这对当时的我可是个很大的挑战。我紧张而又兴奋，因为从来没有在公共场合下发言的经历。幸运的是，好像当时的效果还不错。那门课，兆璋老师真的也给了我最高分或最高分之一，好像是90或92分。当时既惭愧，又备受鼓舞，至今它还时不时生动着自己的人生。多年后，我才意识到，这其实是兆璋老师教给我们作为大学教授为人师表的严谨、宽容与鼓励的第一课。但这点兆璋老师自己未必这样想。

大学毕业时，我与伏明同学相约一起到兆璋老师家，请她为纪念册题字。她家的一杯冰镇蜜汁，润心入肺，使我受宠若惊，至今依然回味无穷。直到那时，我才得知兆璋老师在"文革"时的逸事，更令我肃然起敬。此后，我读厦大研究生并留校任教，虽然兆璋老师业已退休，但我与她的弟子陈宜淳学长同住一层宿舍，成为好朋友，听说了她许多故事，更钦佩其人性的光辉。1993年我离开厦大，出国留学，与母校联系少了。回国加盟北大几年后返校，一次在厦大校园里偶遇兆璋老师、黄松英老师和庄解忧老师，她们正一同赴82级同学会宴会。历史学系同辈"三女杰"，明显苍老，但精神很好；尤其是三位女杰彼此搀扶着，相约同行，令人羡慕，也是校园的一道风景。当时三位老师要赴会，行色匆匆，未及细谈，不料却成永诀。几个月前，伏明、宜淳等同学说要给兆璋老师仙逝周年纪念写点东西，才遽然想起哲人已逝，瞬间打开了记忆的闸门，遗憾的是，这些却从未向兆璋老师当面提起过。

每个人的生命历程中，都沉淀着许多生动的人和事，却未必都有机会说出来，甚至写下来，而当事人往往也未必知道。今日寥寥数语，谨此追思敬爱的兆璋老师。

（原载《渐行渐远的背影——纪念陈兆璋教授》，

郑启五主编，时光留影荣誉出品，2016年）

遇见与再见：我与杨国桢、翁丽芳老师

世界很大。生命中有很多相遇，要么被视而不见，要么仅仅限于特定的时间和特定的场合，然后也许永远不会再见。

世界很小。生命中注定的相遇，该发生的还是会发生的，只是时间早晚的事。

我与杨国桢、翁丽芳老师相遇，在厦门大学那么多年，而且是同一个院系，却没有发生过碰撞；而在万里之外的异国他乡，一次偶然遇见，却演绎为海外与海内一直持续的相遇。

如今回想起来，其实重要的不是相遇本身，双方最看重的应该是相遇过程中彼此不经意间流露出来的真性情。无论见与不见，无论相隔多远，无论彼此多久没有相见，这一点，都没有改变。这应该是一种心照不宣的相信和深刻的把握，一种内在的和本质的东西。

厦大：初见

杨老师的大名，在厦大闻名遐迩，几乎无人不知，遑论历史学系的学生了。作为厦大历史学系三年级学生，我第一次在台下聆听杨老师的报告是在1986年金秋十月。当时，杨老师刚访美归来，应邀给全系师生做报告。白衬衫、红领带、黑框眼镜，风华正茂、意气风发，是杨老师最初给我的印象。不过，最深刻的印象，是杨老师当时从讲师直接晋升为教授、博导。那可是上世纪80年代中期，副教授职称便已经非常了不起。

1988年秋季，我留在本系继续读东南亚史的硕士研究生。那时，研究生中私下称杨老师为"杨老板"，杨老师大概是历史学系唯一获取此"殊荣"的老师。记得有一次，晚上8点左右，我与杨老师的研究生鲍一高一起散步，途中他带我去白城杨老师家拜访，刚好杨老师、翁老师不在家，只有杨蔚和杨宇在，没有机会与杨老师直接见面。后来，在厦大傍晚的上弦场，会时不时遇见杨老师和翁老师一起散步，却不敢贸然上前打招呼致意。

1991年7月，我留厦大历史学系任教后，算是正式认识杨老师了。在系组织的外出郊游等集体活动中，与杨老师有过交谈，但仅限于一般的礼节性交往。那时，感觉杨老师其实很健谈、很有亲和力，没有想象中的"高大上"。

英伦：偶遇

1993年9月中旬，我赴荷兰阿姆斯特丹大学进修十个月。我没有向杨老师辞行，也不知道他要访问牛津。次年4月16日，我从阿姆斯特丹飞赴英国查找资料，为期五周，为我即将在荷兰国家科学基金会的博士研究申请做前期准备。5月6日，在英国国家档案馆，突然眼前一个身影闪过，很熟悉，一看，这不是翁丽芳老师吗？再细看，又发现了杨老师。

他乡遇故师，真是由衷的亲切和高兴。上前一问，原来杨老师应科大卫教授邀请在牛津客座半年，那天由牛津博士生程美宝同学陪同来伦敦收集社会经济史和林则徐的档案资料。档案馆内，大家都在安静地、马不停蹄地收发、阅读档案，我们小声约好在档案馆楼下餐厅共进午餐。午饭后，翁老师为我们三个人拍了一张合影。我们相互留下了联络方式，杨老师当即热情邀请我周末去牛津做客。

5月15日（星期天）早晨，我如约赴牛津看望杨老师和翁老师。前一天，和杨老师电话联络，他建议我坐火车，并约好，一俟我要换乘牛津方向的火车，就在站台公共电话亭给他打电话，他会去火车站接我。当时我没有告诉杨老师的是，这实际上是我第二次赴牛津。第一次我是从伦敦市中心维多利亚车站坐大巴去的，专门冲着阅读罗德斯图书馆特藏。由时在阿姆斯特丹大学国际关系学院进修访问的好朋友、外交部魏瑞兴大使介绍，我住在伦敦西郊四环、五环交界处的大使馆教育处大楼里，那里号称"51号兵站"。转车时，我如约往杨老师住所打电话，是翁老师接的，她说杨老师已经去牛津火车站接我了。我下车后，果然看到杨老师捧着一本书，坐在候车室的椅子上等候。

抵达住所不久，午餐就准备妥了。当然是翁老师下厨，她从早晨就开始张罗。印象最深刻的是，翁老师用干香菇炖了一只整鸡，色香味美，配上从国内带来的电饭煲煮的香软米饭，那可真是难得的可口、美味和温暖。自1993年9月中旬出国后，这是我第一次品尝到温馨的家庭热汤饭菜，可想而知当时我的反应，我亲身感受到了翁老师的贤惠。

饭后，我们三人一起在牛津镇散步，杨老师依然兴致勃勃，心情很好，特别健谈。沿途所处，一会儿指着这里说这就是我们厦门的镇海路，一会儿指着那里说那就是我们厦门的中山路。他带我参观了牛津著名的布莱克威尔（Blackwell）书店，对书店赞许有加。我们沿着泰晤士河漫步，杨柳轻拂，河水汩汩而流，清澈见底；学院草坪绿色如茵，真是读书论道治学的好地方。

傍晚，杨老师和翁老师送我去牛津车站，我们就此别过。周末探访牛津，好像走亲戚，又好像不全是。

荷兰：重逢

5月22日我飞回荷兰，准备当年荷兰国家科学基金会的申请，几个月时间匆匆而过。秋天，忽接杨老师笔函，告知他和翁老师计划来荷兰访问，我非常高兴。9月26日，我们在阿姆斯特丹机场重逢，更平添了一份亲切和开心。

我们三人像一家人一样度过了5天的"欢乐假期"。在阿姆斯特丹，我们三人出出入入，上下电梯，形影不离。同事和外国学生羡慕不已，纷纷以为是我父母从中国来探望我呢。9月27日，我们一起坐游艇游览阿姆斯特丹；28日，同游鹿特丹、海牙、莱顿大学；30日，一起乘火车到比利时布鲁塞尔。记得那天风大，翁老师看我几天都没有穿外套，特地把杨老师的外衣找出来，坚持要我穿上。外出旅行回来，除了陪同翁老师去超市采购外，炒菜做饭等，我们两个大男人一点也帮不上忙，都由翁老师一个人在厨房包揽，我们就坐等享受。翁老师还几次教我如何做菜炖肉，做好后如何放冰箱储存，等下次吃时再加热，等等。此情此景，历历在目，仿佛就在昨天。

10月1日上午，杨老师和翁老师携着一大批行李飞回伦敦，然后转机飞新加坡，绕道回国，我们在机场再次惜别。

厦门：不只是再见

1995年12月上旬，我回国做田野调查，从北京飞回福建收集资料，住在孙福生老师家。抵达后，我电话联络杨老师，杨老师非常高兴，邀请我某天晚上去他家吃饭。

记得当天离约定晚餐时间还早，杨老师电话便打到孙老师家，催我早点过去，先泡泡茶，畅叙别后故事。一进门，翁老师在厨房忙碌着，招待我的是海鲜火锅家宴，甚是热情隆重。翁老师特别细心，还用软尺给我量了腰围。某一天，我在孙老师家，忽然接到翁老师的电话，原来她特地买布料给我做了两条青灰色西裤，让我去拿。

过后，我即飞新加坡和马来西亚继续田野调查达一年半之久，然后返回荷兰撰写博士论文。2000年1月3日，我赴新加坡国立大学从事博士后研究两年。这两条西裤，我穿了将近十年，陪我去了好多国家，走了好多路。

北京：人与事

2002年7月中旬，我结束在京都大学东南亚研究中心为期半年的客座访问。赴北大报到履新之前，我回了一趟厦门收集资料。

8月12日傍晚，我到厦大东区1号楼602寓所杨老师新家拜访。此次距离上次相聚长达七年之久，其间发生了许多事。当晚，我们在东区校门外名士御园鹭发餐厅共进晚餐，杨宇也在，大家互叙别后故事。

2004年7月11日到12日，杨老师出席在北大召开的"世界文明与郑和远航"国际学术研讨会。12日中午，我邀请杨老师在北大勺园宾馆吃饭，碰到北大历史学系党委书记王春梅老师也在那里招待客人。王老师得知杨老师是我的厦大老师，很高兴。餐后她走到我们桌台前告别，悄悄告诉我她已经签单了，说应该由历史学系宴请杨老师。我心里很不好意思，因为自己宴请杨老师的机会没有了。

2010年12月中旬，我受厦大历史学系邀请访问半个多月。12月23日，我电话约好去看望杨老师，在他的会展南二里新家。新家好难找，一路几次电话才寻到门口。这应该是我最近一次造访杨老师家。当时隐隐约约感到翁老师身体不太对劲，却不敢贸然细问。某天午后，在厦大南门附近再次偶遇杨老师和翁老师，只是没有料想这是我最后一次见到翁老师。

这些年海外出访较多，我长期行踪不定。2016年春，我从台湾中山大学客座结束回京，一天从系里信箱看到一本《海涛集》，我当然知道这肯定是杨老师托人带给我的，但不知道是谁放的。事后很久才得知，原来是李一平教授受杨老师之托，请时在南洋院讲座的我的同事捎给我的。《海涛集》我从头至尾认真拜读了，对杨老师与翁老师的情意，对杨老师19岁时刊登在《厦门日报》上关于罗扬才的两篇文章散发的才气，对杨老师作为大陆学者第一次访台的详细纪实，对杨老师为许多学生著作写的序言，印象特别深刻。

2017年，一次偶然机会，得知翁老师已经于2016年5月2日突然去世，我非常震惊，但不敢惊扰杨老师。2018年春季，我在北京颐和园与杨老师的一位高足见面长谈，谈起过翁老师突然过世一事。当时我没有说出的是，这件事长期压在我的心上，一直憋得慌。

重回故地：往事如烟

2018年12月1日，我到莱顿荷兰皇家东南亚暨加勒比海研究所客座三个月。当天抵达阿姆斯特丹机场，朋友来接，一起前往阿姆斯特丹住所。

下午四点左右，从中央火车站出来，下电梯，换乘地铁。在站台上候车时，一对下车的夫妇注意到我，我也几乎同时发现了他们。他们正是我二十年未曾谋面的读博士时的好同学Margit教授和她的先生Marcel。他们当天从乌特勒支附近的小镇住所来阿姆斯特丹，为她夫君下周末的生日采购。她知道我这几天回荷兰访问，说正想着怎么办呢，没有想到听到一个人说话的声音很熟悉，仔细一看，真的是我。二十年未见，以这样的方式相见，算是惊喜的礼遇。

当晚，我发朋友圈追忆道，这样的遇见，在我的人生中不止一次。1993年初冬，我刚来荷兰不久，在研究院外大街上不期而遇在莱顿大学留学的硕士同学袁冰凌，以如此方式见面，彼此都没有想到。1994年5月，我在英国档案馆查资料时，遇见杨老师和杨师母，更没有料到。1995年7月到9月，我再次回英国收集资料，一个周末在伦敦华埠巧遇现任阿姆斯特丹自由大学教授的校友黄智生，他当时在英国做研究员。1998年9月1日，我在赴耶鲁大学访问的航班上遇见现任康奈尔大学教授埃里克·塔利亚科佐（Eric

Tagliacozzo），我们前一周刚在莱顿茶叙，一年半前我们同在新加坡东南亚研究院访问、收集资料，时常结伴吃饭。茶叙时，我们并没有告知彼此的航班，他正结束莱顿的行程，返回耶鲁大学撰写博士论文。然后，我俩就这样一路同行，在飞机上不时串门打招呼。落地后，从纽约坐车三小时到纽黑文，他再乘的士先送我到耶鲁毕业生俱乐部住处才回家。我们后来同在台北，很快又在北京再次相见。

那天晚上，我想到了许多。同样巧合的是，12月4日，我在莱顿上班的第二天，厦大历史学系陈瑶博士自报家门要加我微信，说受杨老师之命，邀请我参加今年三月底的会议。彼时彼地，我身处荷兰，终于又与杨老师微信联络上了，第一次电话交谈便是一个小时，不禁想起许多往事。我与杨老师、翁老师在荷兰曾经的交往，更是历历在目，记忆犹新。

往事如烟，生活总是充满太多的尘世庸碌和身不由己。君子之交，淡淡如水，没有功利的交往才平等怡情。偶遇之时发生的碰撞，其实才是人性不经意间散发的闪亮；感染的不只是某种真性情，其实更是一种价值尺度与品行操守。平淡与平常，真实与真诚，其实才是激情与性情的永久底蕴。唯如此，偶遇之后，才会有故事，并且才能生动故事。没有刻意，才能自然；因为相信，所以把握；因为把握，才会平淡而绵延。

尾　絮

作为"海洋与中国研究"国际学术研讨会受邀参会者，作为治华侨华人史的学人，我本来提交的论文题目是"杨国桢教授的学术拓展转型到底意味着什么：从林则徐到陈嘉庚，从中国社会经济史到中国海洋史"。这次研讨会恰逢杨老师八十华诞，我与杨老师和翁老师有着一段很长的外人不知的私人交情；在我心里，翁老师是温馨的，而我是事后很久才得知她去世的消息，一直憋在心里，没有机会表达。斟酌再三，今天我更愿意带着这份记忆参会。

这应该不只是一篇私人回忆录，也是一份学人海外游学的私家历史，长时段的、跨国的和代际的私家历史，更是一份知识探寻历程中的人文历史绵延注释。

最后，我想说的是，从外围观察，窃以为，杨老师的学术特点与贡献至少有三点：其一，从陈嘉庚到林则徐，从明清史到中国社会经济史，再从中国社会经济史到极力倡导中国海洋史研究，杨老师的学术转型拓展脉络与中国改革开放发展的轨迹高度契合；其二，立足福建，深耕民间地方社会，面向台湾与海外，是杨老师的一贯学术关怀；其三，杨老师继承了傅先生开创的中国社会经济史学术传统，并发扬光大，尤其是在20世纪80年代中至90年代中关键的十年期间，临危受命，出色地完成了这一代际传承的历史使命，而后致中国社会经济史学派开枝散叶，进而发展壮大。

（原载"澎湃新闻·私家历史"，2019年3月30日）

跋

思想的历史与历史的文化

　　思想，是社会的与政治的，也是历史的与文化的。如果说一切的历史都是当代史，那么，应该是指一切的历史都是思想史、文化史。"历史与哲学"，"历史与经学"，或者"历史与宗教"，都是经典的学术关怀。观念里，文化主要是文学、艺术、音乐，或者说与国家、族群与生产方式等密切关联，却与历史基本无关。然而，世界历史，本质上就是一部世界文明史，或者世界文化史。如同思想的历史与历史的思想一样，历史的文化与文化的历史，不仅厚实恒久，而且灿烂多彩。

　　历史，是材料的、实证的与记事记人的，不是理论的和模型的、框架的和建构的。历史学人，都是排斥理论的，如果不是反理论的；或者说，历史学人，至多是借鉴理论的，如果不是制造理论、模型和概念。然而，无论中外，一流的历史学与历史学人，都是分析的、多学科的和富有想象力的，同时是立足史料的和长时段历史视角的。传统的中国文史哲一家，即是最好的证明。历史的专业话语，越来越被哲学系和中文系的学人占据，一点不值得奇怪。历史的专业领域，越来越活跃着政治学人、人类学家、文化与传播学者和艺术创作者的身影，甚至理工科学人的真知灼见，则值得关注。

《学人记》是关于大地的思想与行走的历史的，也是关于文化的历史和历史的文化的。如果关联该书的姊妹篇《学术志：田野、星空与飞燕》一起阅读，那么对于理解英文拙著《华人商业与马来属邦的形成，1882—1941》和中文拙著《区域与国别之间》，应该就无须赘言了。如果说从第一本英文代表作到第一本中文代表作，我经历了二十年的学术探索，那么，从青涩学生到《学人记》《学术志》，我走过了三四十年的职业人生。

如果没有思想，历史学人怎么书写富有思想深度的历史呢；如果没有文化，历史学人怎么书写富有文化气息的历史呢。这是古老的命题，也是新鲜的挑战。如同理论与经验、概念与现象的关系，对于任何学人创新智识活动而言，理解，特别是一般性的理解与专业性的批判，以及学科性的批判与跨学科性的理解，如果说不是基本的，那么至少可以说是完全不同的。这不仅是时代的变化，而且是世界的变化；也不仅是学人的变化，而且是学术潮流的变化。

是为跋。

吴小安

2022 年 7 月